奥妙科普系列丛书

全彩版

DISCOVERY

让青少年着迷
的科普书

2016年修订版

伟大的
中国之最

杨春◎编著

U0727586

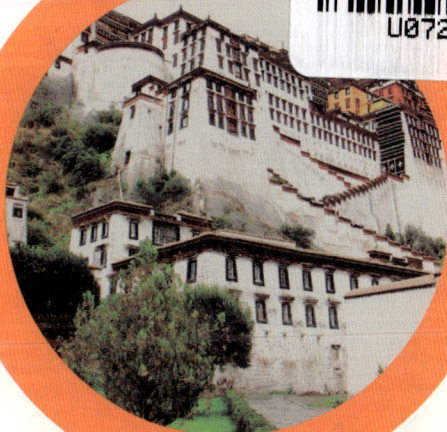

吉林出版集团股份有限公司 · 全国百佳图书出版单位

图书在版编目 (CIP) 数据

伟大的中国之最 / 杨春编著 . -- 长春：吉林出版
集团股份有限公司，2013.12
（奥妙科普系列丛书）
ISBN 978-7-5534-3917-4

Ⅰ . ①伟… Ⅱ . ①杨… Ⅲ . ①中国历史－青年读物
②中国历史－少年读物 Ⅳ . ① K209
中国版本图书馆 CIP 数据核字 (2013) 第 317285 号

WEIDA DE ZHONGGUO ZHI ZUI

伟大的中国之最

编　　著：杨　春
出 版 人：齐　郁
选题策划：朱万军
责任编辑：孙　婷
封面设计：晴晨工作室
版式设计：晴晨工作室
法律顾问：赵亚臣
出　　版：吉林出版集团股份有限公司
发　　行：吉林出版集团青少年书刊发行有限公司
地　　址：吉林省长春市人民大街 4646 号
邮政编码：130021
电　　话：0431-86037637
印　　刷：三河市兴国印务有限公司
版　　次：2014 年 3 月第 1 版　2016 年 1 月第 3 次印刷
开　　本：710mm×1000mm　1/16
印　　张：12
字　　数：176 千字
书　　号：ISBN 978-7-5534-3917-4
定　　价：39.80 元

前言

Foreword

中华文明是世界上最古老的文明之一，也是世界上持续时间最长的文明。中华文明在几千年的沉淀与升华中催生出灿烂的果实。我们的先辈们用他们勤劳的双手，给后人留下了无数的宝贵遗产，他们用智慧创造出的科学技术服务了一代又一代的人。

在中国这片伟大而又神奇的土地上有着勤劳朴实的人们，有着人杰地灵的自然风采，由此也诞生了一个又一个奇迹，令世人叹为观止，这些奇迹屹立于世界文明之林，成为中华文明不可或缺的重要组成部分。在本书中，我们一起来看一看我国的璀璨精华，认识一下这些伟大的奇迹。

目录

第三章　智慧结晶——文艺之最

目录

第四章　才智精华——科技之最

第五章　精湛技艺——建筑之最

目录

第一章
时空交错
——历史之最

中国有着悠久的历史，也曾创造出世界上最灿烂的文明。在历代帝王的带领下，历史的车轮不断前行……在这些帝王中，有拥有权力时间最长的皇帝，有尚在襁褓的婴儿皇帝，有喜欢吟诗作画的文皇帝，也有巾帼不让须眉的女皇帝……下面就让我们领略一下他们的风采吧。

中国最早的朝代

中国历史上第一个王朝是距今 4000 多年前的夏朝。

夏朝存在于公元前 2070 年～公元前 1600 年。夏朝的建立标志着中国第一个奴隶制王朝的建立，同时也标志着中国大同社会与原始社会画上了句号。

夏王朝的建立应从大禹治水说起。大禹因治水有功，得到广大民众的拥护，

知识小链接

夏朝以前的历史大部分是口头传说，因为那段时间没有任何文字记载，所以世界历史学界只承认中国商代以后的历史。其实像我国这种情况在全世界还有许多例子，比如欧洲的史前巨石阵和史前古城、美洲的玛雅文明，很多古国的历史可以追溯到 5000 年前，只是因为缺乏文字记载而未被承认。

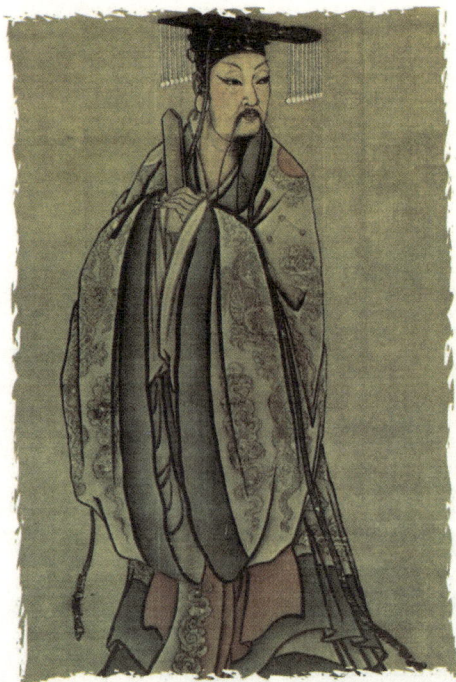
❖ 夏禹

更受到舜的器重。舜年老以后，就把王位禅让给大禹。大禹接过权力之后，对舜之前确立的制度进行了大幅度改革，这为夏朝的建立夯实了基础。

大禹死后，他的儿子启策划杀死了继位的伯益，阴谋夺取了权位。启接任权位之后，对先前的制度又进行了一次彻底改革，特别是取消了禅让

◆ 舜

制，他规定以后王位采取世袭制。在原始社会奉行几百年的禅让制终于被打破了。启在位期间逐步巩固了政权，夏朝的社会得到了快速发展。

启死后，他的儿子太康接过了王位。但在与东夷族的战争中太康遭到失败，权力也被夺去。此后，经过三代人的不懈斗争，权力才又重新回到少康手里，从这时起，夏朝的政治才算基本稳定下来。这个过程历史上称之为"太康失国"和"少康中兴"。由于深受东夷之害，所以夏朝以后的继任者要么对东夷加大控制，要么与东夷修好，尽量减少战争带来的危害，这一安抚政策一直延续到桀即位。桀是历史上有名的昏君，他不但好大喜功，而且贪图享受。对内他重用奸臣，加大对百姓的剥削；对外他滥用武力。他的举动既耗费了大量的国力和财力，又加深了百姓和诸侯国对他的不满，在内外交困的情况下，夏朝的国力迅速衰退。这时的商势力大增，商汤看准时机，带领大军对桀进行讨伐，最终桀被商汤大军所灭。商朝取代夏朝，标志着中国历史上第一个朝代的灭亡。

◆ 夏启

中国最后一个封建王朝

中国最后一个封建王朝大家都不陌生，因为它的消失距今仅有一百多年。

清朝又称大清帝国、大清国等，它是由明朝末年中国北方的满族人建立的。它既是中国最后一个封建王朝，也是中国历史上第二个由少数民族建立

❖ 清世宗雍正帝爱新觉罗·胤禛

知识小链接

满族是中国最古老的民族之一，也是唯一一个在中国历史上曾两度建立过中原王朝的少数民族。满族的前身是女真人，发源于吉林省。1125 年女真人的政权金灭辽，次年灭北宋，在河南开封建立金国。1616 年，努尔哈赤建立后金，1635 年，皇太极废除"女真"族号，改称"满洲"，女真人也就成为满族人。

的统一政权，它对中国历史产生了深远的影响。

清朝的开创者是来自建州女真的爱新觉罗氏。1616 年，其首领努尔哈赤在今天的辽宁建立王朝，史称"后金"，定都兴京（今辽宁省新宾县）。1636 年，皇太极称帝并将"金"国号改为"清"，改年号

为崇德。

清政权刚刚成立之时，政治局势并不稳定，后来经过康熙、雍正及乾隆三代帝王的治理后，因战乱破坏的社会终于安定下来，经济、文化得到快速恢复和发展。

清朝晚期，几任帝王都采取闭关锁国的消极政策，致使中国科学技术渐渐与西方先进技术脱节。特别是清朝晚期与西方的鸦片战争失败后，西方列强逼迫清政府签

❖ 乾隆皇帝晚年朝服像

订了一系列丧权辱国的不平等条约，虽然在一些先进知识分子的要求下，晚清政府也曾试图变法，但在以慈禧为代表的保守势力干预下，变法最终失败。

1911 年，孙中山领导的辛亥革命爆发，清朝最后一任皇帝溥仪于 1912 年 2 月 12 日宣布退位。清朝历经 12 代帝王，历时 296 年后，最终灭亡。

❖ 康熙皇帝晚年朝服像

Part1 第一章

建都最多的城市

中国有七大古都，它们分别是西安、洛阳、开封、南京、杭州、北京和安阳，如果问它们当中谁在历史上扮演的角色最重，那当数西安了，因为它是中国历史上建朝最多的古都。

西安是今陕西省省会，古称"长安"和"京兆"。它不仅是中国的七大古都之一，而且是世界著名的四大古都之一，是中国历史上建立朝代最多、影响力最大的城市，是中华文明的发源地和摇篮。从公元前11世纪到公元10世纪初，在西安这片土地上曾先后建立了西周、秦、西汉、前赵、前秦、后秦、西魏、北周、隋、唐十个朝代，如果把这十个朝代的存在时间加在一起，一共有1000多年的历史。

西安地处渭河流域中部关中盆地，它的北部是渭河和黄土高原，南部紧邻秦岭。西安的地质面貌颇具特色，因为西安全境海拔高度差异极大，这在全国也是不多见的。这里既有巍峨的群山峻岭，又有一马平川的沃野，一条渭河将两种地质面貌一分

知识小链接

西安地处关中，四面有高山，易守难攻；关中土地肥沃，农业发达，能提供足够的粮食；西周以后，西安渐渐成为封建王朝的政治和经济中心，为后来的帝王建都关中打下了坚实的基础。

❖ 周武王

为二。

公元前 11 世纪，周文王最先在这里建立国都，并称之为"丰京"；周武王灭商之后，又将这里改为"镐京"，从此拉开了西安建都的历史。公元前 350 年的战国时期，秦孝公也在这里定都，并将这里称为"咸阳"。公元前 202 年，刘邦建立帝业，他听从了张良的建议，把进可攻、退可守的西安定为自己的国都，并称之为"长安"，有"长治久安"之意。

后来的前赵、前秦等几个朝代也把都城选在这里。隋朝开国以后，在西安建立了一座宏伟的新城，并改名为"大兴城"，取"兴隆昌盛"之意。后来唐朝在隋朝都城的基础上，又扩建了都城，并重新称其为"长安"。

西安经过历代的建设，其文化底蕴愈加浓重，并成为蜚声海内外的历史名城。

❖ 周文王

Part1 第一章

存在**时间最长**的朝代

纵观中国历史，经历了大大小小数十个朝代的更迭变迁，短的几年、几十年，著名的几个朝代也只是二三百年的时间，唯独周朝是一个例外，因为它是中国历史上存在时间最长的朝代。

周朝于公元前 1046 年建立，公元前 256 年灭亡，共历经 37 代天子，统治华夏 791 年时间，这在中国历史上是绝无仅有的。周朝是继商之后的一个奴隶制国家，它可分为"西周"和"东周"两个重要时期，而东周又被分为"春秋"与"战国"两个历史阶段。

西周是周武王姬发消灭商纣王后建立的。武王死后，由他的儿子周成王即位，周公旦负责监国。周成王即位后发生了武庚（纣王子）叛乱事件，这一叛乱被平息之后，周成王封赏了有功的诸侯。周成王之后是周康王，周康王是历史上能力比较强的君王之一，在他的治理下，周朝的社会经济得到飞跃发展，历史上把成王、康王两代君王执政的时代称为"成康盛世"。康王之子周昭王

知识小链接

相传，姜子牙曾于渭水边钓鱼，引来文王邀请。姜子牙要求文王驾车拉着他回西岐，文王一共拉了姜子牙 800 步，中间停歇了一阵，姜子牙就告诉文王："你拉我 800 步，我保你 800 年江山。"文王大惊，表示还能拉车，但姜子牙说，这是天意，非人力可改。

❖ 周康王

洛邑遗址考古发掘

没有继承祖辈的伟业，他坐在父辈们的成绩上安享快乐，致使周朝的国力开始衰退。周昭王之后是周穆公，周穆公是周

周成王

朝在位时间最长的一位君王，在位时间长达 55 年，因为他长时间占有帝王的位置，所以大大压缩了儿了周共王的在位时间，周共王在位时间还不到他父亲的一半，只有区区 23 年。接下来依次是周懿王、周孝王、周夷王、周召共和（周定公与召穆公）、周宣王、周幽王执政。公元前 771 年，犬戎杀幽王，西周退出了历史舞台。

第二年，也就是公元前 770 年，周幽王之子宣臼在洛邑称王，史称东周。东周又相继经历 25 代天子，在这段时期，周朝的政权统治日渐衰落，各地诸侯势力渐渐强大，他们为了自身利益连年发动战争，给当时的百姓生活和经济造成严重破坏。但是在这个时期，中国文化思想却得到空前发展，出现了"百家争鸣"的可喜局面。

Part1 第一章

中国第一个和最后一个皇帝

说起中国历史上第一个皇帝，相信每一个中国人都不陌生，他就是大名鼎鼎的嬴政，也就是秦始皇。最后一个皇帝是宣统皇帝，也就是溥仪。

秦王朝是中国历史上第一个统一全国的朝代，而开创这一盛举的就是嬴政，所以他也是中国历史上第一个皇帝。

嬴政（公元前259年～公元前210年），生于赵国国都邯郸，因嬴姓赵氏，所以又被称作赵政。他是秦庄襄王之子，13岁即王位，39岁称皇帝，在位37年。春秋战国前的历史上，各国诸侯都被尊称为"君"或"王"，所以也被并称为"君王"。"帝"这一称谓只有秦国和齐国后期被使用。公元前221年，秦国统一全国，为了显示自己"千古一帝"的尊贵身份，嬴政就想起一个与以往有别的称呼，于是他召见群臣商议。群臣一致认为秦王的功绩是前无古人的壮举，是"自上古以来未尝有，五帝所不及"的，于是援引"古有天皇，有地皇，有泰皇，泰皇最贵"的古话，建议秦始皇采用"泰皇"作为帝王的称号。但是这一称谓秦始

知识小链接

中国两千年封建史到底有多少个皇帝？目前史学界说法不一，但大约有400位。其中有一半以上是同时期并列的皇帝，例如宋朝18位皇帝，同时期的辽、金、西夏有35位皇帝。另外，若加上秦始皇以前的夏、商、周三代"王"，一共有829位。

❖ 秦始皇

❖ 溥仪

皇并不喜欢，所以他只取了其中的"皇"字，又引用"三皇五帝"的"帝"字，创造出"皇帝"这一天下帝王的头衔。

从此以后，历代帝王都以"皇帝"作为至高无上的称谓。

中国第一位皇帝是嬴政，那么最后一位皇帝又是谁呢？他就是大清帝国最后一任统治者——宣统皇帝。宣统皇帝即爱新觉罗·溥仪（1906~1967年），字浩然，他既是满清政府最后一位统治者，也是中国封建历史上最后一位皇帝。

1908年清光绪帝死后，溥仪继位，史称宣统皇帝，他是清军入关之后第10任帝王。辛亥革命爆发后，溥仪于1912年2月12日宣布退位，两年后，冯玉祥将其轰出紫禁城，一代帝王从此过卜漂泊的生活。1932年，在日本人的扶持下，溥仪在东北建立傀儡政府——"满洲国"。1934年溥仪重新称帝，改"满洲国"为"满洲帝国"。1945年日本远东军被前苏联军队消灭后，溥仪作为战犯被带到了前苏联。

1949年新中国成立后，中央政府与前苏联就引渡溥仪进行了磋商。1950年，溥仪被押解回到中国，作为一名战犯被关押在抚顺战犯管理所。1959年12月获释，在党中央的关怀下，次年被安排到北京植物园工作。1964年又被调到全国政协下辖的一处研究会担任资料专员，并在人民政协第四届全会上被选为政协委员。1967年，溥仪因肾癌医治无效去世，享年62岁。

❖ 溥仪墓

哪个皇帝在位时间最长

中国历史上众多皇帝中，谁是在位时间最长的皇帝呢？他就是爱新觉罗家族的皇帝——康熙皇帝。

康熙本名爱新觉罗·玄烨，于 1654 年在紫禁城的景仁宫出生，在位时间长达 61 年，纵观中国历史，再没有一位皇帝能赶超他的精力了。康熙帝于 1722 年在北京畅春园清溪书屋去世，终年 69 岁，可以说他的一生都是在帝王的宝座上度过的。

玄烨是顺治皇帝的第三个儿子，顺治暴毙，年仅 8 岁的玄烨接过王位，从此开始了叱咤风云的帝王生涯。康熙即位之初，因为年幼，所以朝中大权实际被权臣鳌拜所掌控。14 岁时康熙智擒鳌拜，这才亲自治理朝政。

客观地讲，康熙是一个颇有作为的皇帝。经济上，康熙主张"家给人足，而后世济"，颁布了一系列促进生产的政策，为"康乾盛世"打下基础；军事上，康熙

> **知识小链接**
>
> 玄烨之所以能登上皇帝大位，很大程度上是因为他幼时曾得过天花。原来当时天花是一种极为恐怖的病症，但得过天花的人有了免疫力，终身不会再得。出于对帝国前途的考量，顺治和孝庄最终选中了玄烨。

❖ 康熙像

平定三藩割据、统一台湾、平定准噶尔叛乱、反击沙俄并划清国界、加大对西藏的管理，为中国的统一做出了应有的贡献。康熙在位期间，经济快速发展，中国成为当时世界上幅员最辽阔、人口众多、经济实力最强的帝国。

❖ 康熙读书图

　　但由于清政府是满族统治，所以对中华文化的发展也造成一些消极的影响，比如文字狱就是康熙年间兴起的一种冤狱。文字狱在康熙时兴起，在雍正年间发展，到了乾隆时期达到了高潮，一大批知识分子遭迫害，株连之广泛、处理之残酷历史罕见。

❖ "康熙三十六景"第十二景：锤峰落照

Part1 第一章

文学成就最高的皇帝

中国历史上的皇帝各有特色，各有各的爱好，下面讲的这位皇帝虽然在治理国家方面并不出色，但文学造诣却是令其他皇帝汗颜。

李煜，是五代十国时期南唐的一位皇帝，公元 961 年～ 975 年在位，字重光，初名从嘉，号钟隐、莲峰居士。他是南唐元宗李璟的第六个儿子。李煜显然是个不称职的皇帝，他在位期间不理朝政，却沉迷于佛教，致使反兵四起。开宝八年，宋太祖赵匡胤命大将军曹彬率大军攻打南唐，两年后，南唐都城金陵被曹彬大军攻克，南唐被宋朝取代。

南唐灭亡后，赵匡胤并没有为难这位前

知识小链接

封建世袭制最大的悲剧，莫过于一个人并不适合当皇帝，可仍被老皇帝选中作为继承人。比如朱由校，若是位木匠，必将建造出举世闻名的建筑，可偏偏就做了皇帝，祸害天下，荼毒百姓。

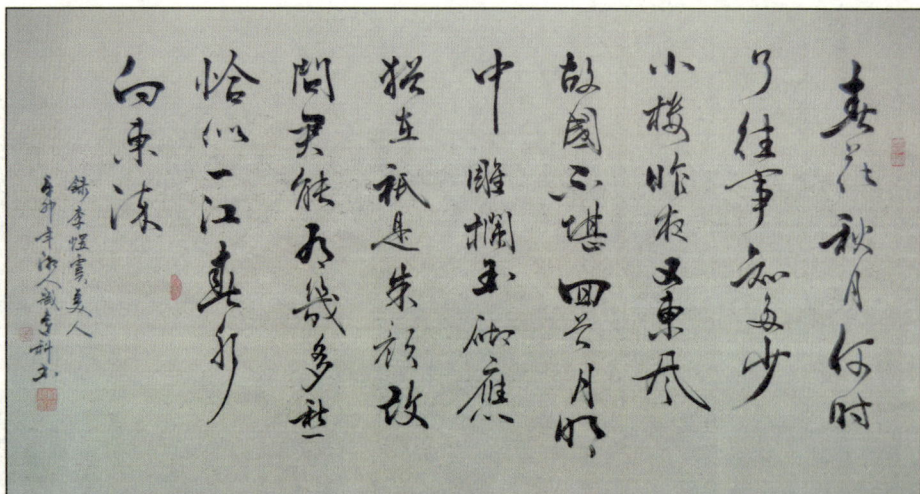

◆李煜书法

❖ 李煜

朝皇帝，反而封他为违命候，官拜左千牛卫将军，让他享受荣华富贵。宋太祖去世后，他的弟弟赵光义继承皇位。公元978年，宋太宗赵光义听说李煜常写一些思念故乡、思念南唐的诗词，认为留着李煜始终是个祸患，于是找个理由将李煜赐死了。

李煜虽然是一个无能的平庸皇帝，南唐毁在他的手上，但他的文学成就还是令世人瞩目的，并受到后代帝王们的褒奖。李煜书法、绘画、韵律、诗词无一不精，特别是他留给后人的诗词，在中国人才辈出的文学史上占有一席之地。他可算得上

❖ 李煜

是中国历史上文学成就最高的皇帝，所以人们也称他为"千古词帝"。他的作品充分反映了他的人生状态，早期还是帝王时他的词作词藻华丽，继承了晚唐时期"花间派"的特点；南唐灭亡后他的词多以亡国之痛为主，词间多能看出他的感伤哀怨之情。

❖ 李煜书法

Part1 第一章

中国历史上**书画**造诣最高的皇帝

这几年中国收藏界对古代字画的热度一直不减，一些书画名家的作品成为收藏家们追逐的目标，自然也就身价不菲，在历史上有这么一位皇帝，他的书画作品现在是国宝级的文物。

提起宋徽宗赵佶的名字很多人都不陌生，因为他也算作中国历史上有名的昏君。赵佶是宋神宗赵顼的第十一个儿子，赵顼死后由赵佶的哥哥宋哲宗继位，宋哲宗死后，赵佶接替了皇位，即宋徽宗。宋徽宗在位期间政治昏庸，朝中奸臣当道，而赵佶本人也荒淫无度，造成国库空虚。为了弥补财政空缺，宋徽宗加大对百姓的剥削，使

知识小链接

赵佶对国事漠不关心，却对书画情有独钟，他经常一上朝与臣子们见过面后，就匆匆跑到"睿思殿"练习字画。他花了 3 年时间，将宫中珍藏的 17 位书画大家作品临摹一遍。他书法、绘画技艺炉火纯青，史上皇帝鲜有匹敌者。

得因战乱而生活困苦的老百姓雪上添霜。后来，赵佶把王位让给了自己的儿子赵桓（即宋钦宗），当上了太上皇。

靖康元年（公元 1126 年）八月，金国派大军南下进攻中原，他们以势如破竹的攻势占领了汴京，宋徽宗和宋钦宗被作为俘虏押解到了金国的五国城，最后病死他乡。

虽然宋徽宗是一个昏庸的帝王，但他却在书画方面有着过人的天赋。赵佶尤为擅长

❖ 赵顼

工笔画，特别是他的花鸟工笔画在中国历史上无人能够超越。他在位期间，就下令各地府衙收集文物书画，并且设立翰林图画院进行统一管理，赵佶亲自掌管图画院，可见他对书画的喜爱和重视。此外，他还命当时著名的文臣编撰了《宣和博古图》《宣和画谱》和《宣和书谱》等书，这些书对历朝的字画进行了详细的讲解，为宋代书画艺术的推广起到指导作用。

❖ 赵佶

在书法方面，赵佶集众家所长，创造出独具一格的"瘦金体"。这种字体有"瘦挺爽利、侧锋如兰竹"的特点，要写好这种字，必须有极高的书法功力和涵养才行。后世临摹学习瘦金字的人很多，但能写出他的神韵的人屈指可数。

❖ 赵佶的竹禽图

■ Part1 第一章

中国第一位**女皇帝**

陈硕真（公元620年～公元653年），有些书上又写作陈硕贞，今浙江省杭州市淳安县梓桐镇人，早年丧夫，唐朝浙东农民起义军女首领。

历史学家对中国第一位女皇帝另有说法。因为从历史上看，武则天是中国唯一一个正统的并让广大群众所接受的女皇帝。但事实上在武则天之前还有一位女性称过皇帝，她就是初唐时期农民起义军领袖陈硕真。但是历史资料上记载陈硕真的内容较少，所以她的知名度不高。陈硕真带领的起义军没有形成太大气候，只坚持了区区一个月就被消灭了。但即使这样，也应当把她看作中国第一位称帝的女性。

唐朝贞观后期，李世民在政治上开始出现消极的一面，当他看到天下太平之后，开始变得奢靡起来。他先是耗费大量钱财修造宫殿，然后又发动了一系列的战争。天下太平的局面被打破，老百姓的徭役赋税日益加重，

知识小链接

关于陈硕真之死，民间有个美丽的传说：当起义军被围困在一个山头时，所有的人都相继倒在战场上，只剩下陈硕真一人坚持抵抗。这时，天边飞来一只巨大的凤凰，驮起陈硕真腾空而去，后来那座山就叫作"落凤山"。

❖ 陈硕真

最后民不聊生，阶级矛盾激化。

李世民死后，李治即位，李治即历史上的唐高宗。唐高宗即位之后，没有吸取唐太宗的教训，反而加大对人民的剥削力度，使老百姓的生活更加困难。唐永徽四年（公元653年），浙江一带的老百姓因不堪官绅豪吏的剥掠，在陈硕真和章叔胤的

❖ 陈硕真雕像

带领下发动起义，他们杀官绅、劫粮库，救济老百姓，所以受到百姓的拥护。陈硕真效仿当时的朝廷建立了政权，她自称"文佳皇帝"，封章叔胤为仆射，总管全军大小事务。这一年武则天30岁，她称帝是几十年后的事了。

在当时的封建环境下，陈硕真以一个女性的身份称帝，敢于挑战男权主义的勇气是值得称赞的，所以现代史学家一致认为陈硕真是"中国第一位女皇帝"。

■ Part1 第一章

中国历史上最早的**太上皇**

太上皇就是退位后的皇帝，也就是新皇帝的父亲。虽然已经从皇帝宝座上退了下来，但凡国家大事，皇帝还要听取太上皇的意见。

史料记载，秦始皇消灭其他六国统一中原后，曾追封他的父亲秦庄襄王为太上皇，但这并不是中国历史上最早的太上皇，因为"太上皇"这一称谓并不是从那时开始正式使用的，即这个称谓不是法定称号。真正将"太上皇"称号定为法定称号的是汉高祖刘邦，刘邦完成统一大业之后，加封自己的父亲刘太公为太上皇，此后，这一称号沿用

知识小链接

京戏中的二胡也和"太上皇"有莫大关系：乾隆六十年，乾隆让位于永琰，即嘉庆帝。新皇帝封老皇帝为"太上皇"，民间称两位皇帝为"老弦""新弦"。琴弦常断，不得不更换琴弦，官家以为"弦断"寓意不好，强令京戏中去掉二胡伴奏，代之以横笛。直到乾隆驾崩，二胡才又回到京戏里。

◆ 鸿门宴

下来。所以刘邦的父亲刘太公才是中国历史上第一位太上皇。

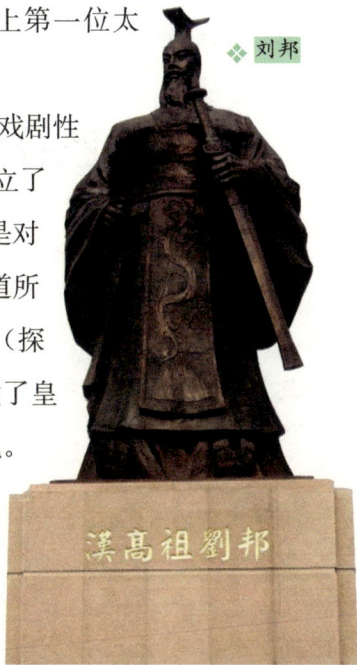
❖ 刘邦

说起"太上皇"这个称号的由来还有一段戏剧性的故事。公元前202年，刘邦将项羽打败，建立了汉朝。那个时候的人们很看重国家法纪，特别是对传统礼仪更加遵从，做了皇帝的刘邦受封建孝道所制，对刘太公仍要像平民百姓一样"五日一望（探望）"，而且要行大礼。但是在古代，一个做了皇帝的人，就贵为天子，不论何人都要向其行礼。虽然刘太公是刘邦的亲生父亲，但在当时也是一个臣子，天子给臣子行礼显然不合常礼，所以如何封刘太公成为一个难题，因为再怎么封也没有大过皇帝的职位，而且历史上也从未有过这样的先例可供参考，这让刘邦和百官茫然不知所措。

❖ 刘邦

最后，一名大臣建议刘邦封刘太公为"太上皇"。为什么不叫"太上皇帝"而叫"太上皇"呢？蔡邕给出的解释是："太上皇之所以不能称之为帝，是因为他不是天子。"颜师古也说："太上皇是天子的父亲，所以称为皇。但是他没有政治上的权力，所以不能称为帝。"这样一来，汉高祖既能向父亲行孝，在道义上也行得通了。

■ Part1 第一章

中国第一个女状元

封建时期是男权的天下，女性如果想有一番作为是非常困难的事情，但凡事都有例外，如果遇到特殊情况，女性同样巾帼不让须眉。

傅善祥就是这样一个传奇人物，因为她是中国历史上第一个女状元。傅善祥的命运可谓坎坷，自幼失去双亲，她是在哥嫂的抚养下长大成人的。她聪明好学，尤其喜欢经史。18岁时又守寡，而婆家家教甚严，不准许她私自回娘家或外出，她整日闷闷不乐，狠心的婆婆更是几次三番要把她卖给别人。无奈之下，她只好趁机逃出婆家，走投无路之下毅然投靠了太平军。

公元1851年，即道光三十年，洪秀全于桂林金田村举起义旗，建立"太平天国"。同年，封杨秀清为"东王"，

❖ 傅善祥

知识小链接

太平天国初期，洪秀全和诸位将领能同甘共苦、荣辱与共，因此迅速将事业做大，但随着建都南京，太平天国的领导层开始腐化堕落，诸王之间矛盾重重，继杨秀清被杀后，韦昌辉被诛，石达开出走，直接导致太平天国内部迅速瓦解，并最终走向覆灭。

从此拉开了反清的序幕。咸丰三年，太平军攻下天京，并在此定都。太平天国的很多政策都是前所未有的，比如开设"女科"，因为中国历史上的科举只允许男性参加，这一政策是破天荒的。傅善祥报名参加考试，而这次的主考官也是女性，她就是洪秀全的妹妹洪宣娇。结果傅善祥夺得第一名，成为开

创历史的女状元。

傅善祥被分到东王杨秀清帐下加以重用，先后任"女侍史"和"簿书"。傅善祥不仅才能出众，而且精明强干，她主要负责批阅文件，在她的管理下，各种书札都处理得井井有条，所以受到洪秀全和杨秀清的赏识。很快她就被提拔为"恩赏丞相"，负责处理太平天国的军机大事，制定生产措施，成为太平天国举足轻重的大臣。

❖ 洪宣娇

1854 年，在傅善祥的大力提倡下，杨秀清以"代天父言"的名义，修正了以前将所有古籍贬为"妖书"而只重"新旧约"的错误政策，并废除了让人妻离子别的"女馆"，恢复了家庭制并允许青年人婚配。除此之外，傅善祥力劝东王杨秀清严管属下，不准破坏文物，并在她的建议下建立了一所规模较大的博物馆。博物馆的建立，为传承中国文化、保护历史文物起到了积极的作用。

傅善祥参加太平军的时间较早，所以在太平天国具有一定的影响力，特别是被任命为丞相后，她大力提倡解放妇女运动。她提出"男女平等""天下女子尽是姊妹之群""同心放胆同杀妖"等口号。太平军每到一处，都会有大批受尽压迫的妇女前来投靠。其中最著名的当数"天朝女杰"苏三娘，苏三娘原本是广东灵山县一个贫穷人家的女儿，从小失去父母，过着颠沛流离的生活。参加太平军后和天地会首领苏三结婚，后来苏三被清军所杀，苏三娘接过丈夫的大旗继续战斗。苏三娘带领着 2000 余人的起义军转

❖ 洪秀全

❖ 影视剧中的洪宣娇

战南方诸省，一直打到天京。太平天国起义之初女性官兵只有 7000 余人，打到天京时其规模已经达到 40 个军，人数多达 10 万余人。太平天国为女性设立了女总制、女监军、女军帅等职。

1852 年 9 月，太平军攻打长沙遇阻，西王萧朝贵在作战中被清军大炮击中身亡，清军借机发动猛攻。在这危难时刻，一位女官骑马挥刀冲了出来，英勇指挥全军继续战斗。这名女官就是洪秀全的妹妹、萧朝贵的妻子洪宣娇。在她的带领下，太平军军士们不惧敌人炮火，越战越勇，突破清军的重重封锁，直杀得敌人心惊胆寒。洪宣娇的英勇事迹鼓舞了太平军所有的女将士们。后来民间流传这样的歌谣："武有洪宣娇，文有傅善祥。"

1856 年，因杨秀清居功自傲，导致太平军内部发生矛盾，最后竟内部相互残杀，而傅善祥也死于内部战乱中。

傅善祥虽然是起义军中的一位女状元，但她提出的男女平等思想和任职期间采取的一系列政策都是值得称赞的。

❖ 洪宣娇

Part1 第一章

中国首位女飞行员

下面所讲的这位女性也非常了不起，因为她是中国第一个驾驶着飞机冲向蓝天的女飞行员，我们可以想象得出她英姿飒爽的那一瞬间。

她叫王灿芝，她的母亲也是女中豪杰，就是为推翻清朝政府而牺牲的秋瑾。光绪二十七年八月二十五日，也就是公元1901年10月7日，秋瑾生下了她第二个孩子，这是一名女婴，于是取名灿芝。光绪二十九年四月，秋瑾的丈夫王子芳到北京赴任，他们带上不满两岁的王灿芝，将儿子源德留在老家。第二年，秋瑾同日本友人服部繁子一起离开中国到日本留学，女儿灿芝被送回了故乡。灿芝6岁的时候，秋瑾英勇就义；8岁时又失去父亲的呵护。失去双亲的兄妹在祖母和叔伯的照顾下长大成人。灿芝从小乖巧，哥哥学习时，她总跟在左右，所以很小就会背《三字经》《千字文》等书，"年十五，香闺清咏，斐然成章，诗词骈散，俱琅可诵"。此外王灿芝还喜爱中国武术，拜名家为师学习武术功夫，颇有秋瑾的遗风，她还给自己取了个小名叫"小侠"。

1920年，王源德和王灿芝兄妹二人在母亲好友徐自华、唐群英的帮助下来到上海求学。王源德进

◆ 王灿芝雕像

❖ 秋瑾

入上海正风大学，王灿芝和堂姐王蕴琏进入上海竞雄女校。竞雄女校是中华民国成立后，王金发、姚勇忱为纪念秋瑾而创立的。王灿芝中学毕业之后，留校帮助徐自华管理学校事务，期间还向兄长要到 3000 元钱准备扩建学校。王灿芝设想请来名师，将竞雄女校建设成集中学、大学为一体的女子学校，但 1927 年因故停办。1928 年春，王灿芝得到民国政府的资助，远赴美国留学，顺利进入美国纽约大学航空专科学校，"俾他日贡献祖国，亦令西人知吾国女子犹能如此，可见男子想更英勇，庶可稍减其轻蔑之心"，可见她的远大抱负。期间她写了一首著名的《自况》诗，借诗来抒发自己心怀祖国的心声："混迹尘寰年复年，壮怀每欲着先鞭。只因浊世无青眼，且把澄醪问青天。救国但凭忠义胆，思亲废读蓼莪篇。平生历尽秋云态，骨愈嶙峋志愈坚。"

在美国期间，王灿芝刻苦学习，勤于实践，很快成为一名出色的女飞行员，被美国航空界誉为"东方女飞行将"。1930 年学习期满回到祖国，曾在民国航校担任教授并负责编译飞行教材。1932 年，她欲再次赴美学习先进的空战技术，以用于对抗日本的侵略，但因各种原因没有成行。后潜心收集整理母亲留下的遗稿，并将其翻译成英文介绍到欧美等国家。1949 年随国民党政府一同南下台湾，在台湾她继续从事航空教育工作。她唯一的女儿王炎华则留在了大陆，骨肉分离，至死也没能再见一面，不禁令人唏嘘。

❖ 秋瑾故居——客厅

中国第一位女演员

> 女演员、女明星向来是人们追逐的焦点，但这是在当代，在半封建社会，"戏子"属下九流的工作，是没有社会地位的，特别是女性更容易遭到别人的耻笑，但凡事总有人迈出第一步。

中国戏曲艺术已经传承了上千年，但从古到今一直遵循着男扮女装的原则，即使在清朝末期"文明戏"的出现，也没有出现女演员的身影。1905年，中国首次出现电影艺术，但是这一新兴艺术也一直沿用古老的传统，没有一个女性演员。直至1913年上映的以反映封建婚姻为题材的影片《难夫难妻》，才首次出现女演员的身影。

知识小链接

《庄子试妻》是香港拍摄的第一部影片，取材于《庄周蝴蝶梦》。庄子见有个新寡妇在用扇子扇坟头，原来寡妇想早点改嫁，正在使坟上的土快速变干。庄子回家试探妻子，妻子为了新欢欲劈开庄子脑颅。庄子跃起呵斥妻子，妻子羞愧自杀。

❖ 严姗姗

但真正称得上有女主演的电影应该数与《难夫难妻》同年开拍的香港电影《庄子试妻》。影片故事来自于明清时期的传奇故事，电影主要讲述的是庄周诈死，以试其妻子是否忠贞的故事。那时的香港已经沦为英国的殖民地，在英国的统治下，风气比内地开化，所以能够接受女演员演出的事实。

影片中庄周有一位侍女，她的扮演者就是影片导演黎民伟的妻子严珊珊。虽然戏份不长，但严珊珊已经开创了女性角色的先河。

严珊珊1896年出生于广东海县，早年在香港懿德师范学校读书，辛亥革命期间曾参加过北伐军。她原名严淑姬，严珊珊只是为了出演《庄子试妻》而取的艺名。她参演《庄子试妻》之后，加入上海民新影片公司，并出演了《和平之神》《五女复仇》《再世姻缘》等影片。

有趣的是这部影片的女主角——庄周的妻子仍由男性扮演，而扮演者不是别人，正是导演黎民伟本人。这是因为需要一位具有演技的人还是中国传统习俗使然现在已无从可考，但传统保守力量一定发挥了作用。当时的上海已经是国际大都市，就是这样开放的城市也颁布了关于中国电影的法规《取缔影戏条例》，其中明文规定：男女有别，必须分开而坐。

一直到1921年，影片《阎瑞生》与观众见面，影片中妓女王莲英一角由王彩云扮演，这才出现中国银屏史上第一位女主角。戏剧性的是这位主演，早年真是一位青楼女子，这也算是本色演出吧。

❖ 黎民伟

❖ 严珊珊与黎民伟

Part1 第一章

历史上担任**官职**最多的人

> 在电视剧《宰相刘罗锅》和《铁齿铜牙纪晓岚》等电视剧中，有一个善于谄媚逢迎乾隆皇帝的大臣，他就是清朝出名的大贪官——和珅。

和珅深得乾隆的喜爱和重用是有其特殊原因的，一方面和珅善于揣摩皇帝的心思，总能做出让乾隆皇帝"龙颜大悦"之事；另一方面，和珅具有真才实学，他以出色的工作能力赢得了乾隆的信任。

和珅善于巴结逢迎皇上，并且马屁拍得总是恰到好处，深受乾隆宠爱。史书记载："高宗（乾隆）若有咳唾，和珅以溺器进之。"意思就是伺候皇上比伺候亲生父亲都周到。乾隆喜欢作诗，一生作诗颇丰，但真正算得上佳作的却很少，只是附庸风雅罢了。和珅对乾隆的心思摸得一清二楚，对乾隆喜欢什么样风格的词句都了如指掌。为了迎合皇上，和珅私下也下足了功夫学习诗词创作，并取得很深的造诣。每当乾隆诗兴大发的时候，和珅总以配角的身份迎合几句，受到乾隆不少的夸奖。与和珅同时代的文人钱泳对他的作品评价是："他的诗偶有佳句，很通诗律。"和珅具备一定的文学修养，又深谙乾隆的审美趣味，他能成为乾隆跟前的红人就不足为奇了。乾隆甚至让和珅替自己赋诗，和珅的诗集《嘉乐堂诗集》中一部分诗就是受乾隆之命而作的。到过北京故宫重华宫的人一定看过乾隆皇帝书写的屏风，而挂在故宫崇敬殿

❖ 和珅

的御制诗匾，却是由和珅代劳的，由此也可看出和珅的书法造诣也是非常深厚。

乾隆执政时信奉佛教中的分支喇嘛教，于是和珅也供奉喇嘛众神，共同的信仰也让皇帝和臣子之间多了一份谈资。和珅在朝中为官20多年，前后升迁共47次，权倾一时，真可谓一人之下万人之上。百官争相趋附，和珅也公然纳贿，在朝中他排除异己、安插亲信，致使乾隆后期政治败坏，官场小人无数。乾隆执政时和珅先后担任过60多个重要官职，可见和珅的影响力有多大。

和珅虽然是乾隆时期最大的贪官，但他的才能还是不容抹杀的。后人将和珅、刘墉、纪晓岚三人并称为"乾隆三大中堂"。刘墉是仁阁大学士（正一品），纪晓岚是协办大学士（从一品），但二人都没能进入军机处，从这点上看，和珅的官职还在二人之上。《清史稿》说"大学士非兼军机处，不得为真宰相"，所以能评上宰相的只有和珅一人。

❖ 和珅府就是现如今的恭王府

第二章
江山锦绣
——地理之最

中国地域辽阔，在这片神奇的土地上诞生了众多鬼斧神工的自然奇迹，下面就让我们领略一下它们的风采。

■ Part2 第二章

中国最大的平原

> 我国江山辽阔，山河秀丽，各地都有自己的特色，比如东北地区就以平原面积广大著称。

东北平原也被称作松辽平原，它地处大、小兴安岭和长白山之间。南边紧临辽东湾，北部是嫩江，长度约为 1000 千米，堪称中国最大的平原地区。东北平原是由辽河、松花江和嫩江冲积而形成的，如果细分，可分为北部的松嫩平原、南部的辽河平原和东北部的三江平原，总面积达到 35 万平方千米，其大部分地区都在海拔 200 米以下。

东北平原的土壤结构与南部地区有本质的区别，这里土层深厚，土壤肥沃，含有丰富的有机物质。特别是东部和北部地区，这里的土壤富含自然肥力，而且颜色发黑。西部地区的土质富含钙质。境内大部分地区地表水和

知识小链接

清朝时，中原地区屡次发生旱灾，饥饿像一个永远挥之不去的噩梦，困扰着中原百姓。河北、山东地区的老百姓为了生存，纷纷涌入人烟稀少的关东地区，那里沃野千里，雨水充沛，江河密布，非常适合人类生存繁衍。这就是我国历史上著名的"闯关东"。

❖ 东北平原

地下水都比较丰富，方便灌溉，所以这里非常适宜农作物生长。新中国成立以后，这里一直是传统的粮食主产区之一，盛产大豆、水稻、小麦、玉米等粮食作物和经济作物。此外，这里野生动物种类也较为丰富，常见的有狐、獐子、獾、狼等。作为东北三宝的人参、貂皮、鹿茸更是驰名中外。

❖ 东北平原

东北平原矿产资源也极为丰富，这里盛产煤炭、黄金和玛瑙等矿产。目前已经探明的煤炭储量达到 1.5 亿吨，黄金储量为 15.4 吨。

❖ 东北平原

■ Part2 第二章

中国最大的草原

我国是世界上草原资源较为丰富的国家之一，据统计，我国草原总面积达到 600 万平方米，占全国土地面积的 40% 左右，是耕地面积的 3 倍。

"**天**苍苍，野茫茫，风吹草低见牛羊。"此诗句描写的就是草原的美丽景色。我国最大的草原应数呼伦贝尔大草原，它同时也是世界三大草原之一。它位于中国内蒙古境内，地处大兴安岭以西，因呼伦湖、贝尔湖而得名。呼伦贝尔大草原地势东高西低，平均海拔在 650 米左右，总面积约 9.3 万平方千米。

知识小链接

呼伦贝尔市是中国管理面积最大的地级市，所辖区域内有世界上最好的草原，早在 3 万年前就有古人类在这里居住。呼伦贝尔市的面积是山东和江苏两省面积总和，但人口只有 270 万。

❖ 呼伦贝尔大草原

呼伦贝尔大草原是我国目前生态保护比较完好的地区之一，这里有着丰富的牧草资源，生长着碱草、针茅、苜蓿、冰草等优质牧草，所以这里又有"牧草王国"的称号。

❤ 呼伦贝尔大草原

关于呼伦贝尔大草原的形成还有一个动人的传说：很久很久以前，在这片草原上生活着一个原始部落，部落里有一对两情相悦的情侣，姑娘能歌善舞，长相甜美，名叫呼伦；男子长相英俊，力大无穷，善于骑射，名叫贝尔。后来这里出现了一个妖魔，它残害百姓，无恶不作，打破了草原平静的生活。为了拯救草原的同胞，呼伦和贝尔携手去向妖魔挑战，由于他们力量有限，无法战胜妖魔。情急之下，女孩化作一潭湖水淹死了妖魔。男子为了寻找心爱的姑娘也化身为湖，于是，两人化作了世代滋润草原的呼伦湖和贝尔湖。

❖ 呼伦贝尔大草原

Part2 第二章

中国最长的**河流**

李白在《黄鹤楼送孟浩然之广陵》诗中有一句"孤帆远影碧空尽，唯见长江天际流"，描写的就是长江壮丽的美景。

长江是亚洲第一大河，世界第三大河。它的全长仅次于非洲的尼罗河和南美洲的亚马孙河。它发源于青藏高原唐古拉山主峰格拉丹东雪山，注入东海，全长 6280 千米。它和黄河并称中国的"母亲河"。

长江横贯中华大地，日夜奔腾不息，迄今已经有两亿多年的历史。在中华文明历史上，长江发挥了重要的作用，长江流域更是中华文明的摇篮。在长江上、中游地区，陆续发现了"丽江人""资阳人"和"长阳人"的化石。

这些远古人类分别属于旧石器时代的中、晚期原始人类，距今已经有十几万年至一万多年的历史。

长江沿岸自古以来是中国重要的农业产区，同时也是工业比较发达的地区。长江像一条纽带连接了大江南北，使东西部的贸易往来方

> **知识小链接**
>
> 科学家研究后认为，长江形成于 1.4 亿年前的地质运动时期，发源于唐古拉山的沱沱河是长江的源头，奔流不息的长江水流经中国 11 个省市，约占全国面积的 1/5。2001 年，国家地质总局和美国测绘局联合勘探后认为，长江总长度为 6280 千米。

❖ 长江

便快捷。时至今日，长江部分地区仍是我国最具有活力的商业中心，通过长江众多的支流，将商品和技术优势向南北辐射，将我国南北经济连为一体。

早期长江渔产丰富，沿江很多民众以渔业为主。长江里生活着几百种淡水鱼类，它们大多生活在长江及其支流。长江里还生活着大约 30 种有经济价值的鱼类，比如欧鳊、鲈、马蛤和七鳃鳗，还有白鳍豚、达氏鲟、胭脂鱼、江豚等长江特有的生物。近年来由于人类活动范围的增大和环境污染，长江的渔业资源骤减，一些物种已经濒临灭绝。

❖长江

❖长江

Part2 第二章

中国最长的内陆河

发源于天山的阿克苏河和发源于喀喇昆仑山的叶尔羌河两条河流与和田河汇集，形成了一条新的河流——塔里木河，它是我国最长的内陆河。

与其他河流最终的目的地——大海不同，塔里木河最后汇入台特马湖。据地质学家考证，塔里木河现在的主要水系形成于 17 ～ 18 世纪，所以它还是一条年轻的主干河。塔里木河最初的水域面积很小，到了清朝后期，阿克苏河、和田河、叶尔羌

知识小链接

塔里木河流域面积 19.8 万平方千米，最后流入台特马湖，是中国第一大内流河，全长 2137 千米，中国最长的内流河。

河、渭干河以及喀什噶尔河都成为塔里木河的支流，所以它的水域渐渐扩大。到了近代，由于建设绿洲的需要，人们修建了许多水渠，引水量逐渐增大，于是喀什噶尔河和渭干河被截流不再注入塔里木河。

塔里木河水流量随着季节的不同变化很大。夏季来临时，冰山上的积雪开始融化，河水流量会激增。沿岸人民修建了许多水利设施引水灌溉，让昔日荒凉的沙土地变成了良田。每到秋季来临，塔里木河沿岸总是瓜果飘香，一派丰收的景象。

◆ 塔里木河

❖ 塔里木河

　　塔里木河流域是许多珍稀动物的栖息地，在这里有时会看到雪豹、岩羊、沙狐、猞猁等野生动物。塔里木河流域蕴含丰富的矿产资源，目前已经勘探到的石油、天然气、煤、锰、铁等矿产资源十分丰富。在古代，人们就把这里当作适宜生活的家园，楼兰古国、龟兹古城、克孜尔千佛洞等遗址就聚集在这里，这些说明塔里木河流域很早就有人生活了。

❖ 塔里木河

保存最完整的人工运河

人工运河是用以沟通各个地区或水域间水运的人工水道，通常人工挖掘的水道与自然水道相连。运河除了航运的作用外，还可用于灌溉和分洪，所以它的功用非常广泛。

我们知道京杭大运河是世界上开凿最早、工程最大、里程最长的一条运河，全长约 1794 千米，开凿距今也已经有约 1400 年的历史了。但是由于历史原因，京杭大运河部分河段已经失去航运的作用。但还有一条运河，它保存得就非常完好，这就是灵渠。

灵渠位于广西壮族自治区兴安县，于公元前 214 年完成工程建设，距今已有 2000 多年历史，它可称得上世界上最古老的人工运河之一，所以它被海内外誉为"世界古代水利建筑明珠"。

知识小链接

秦始皇征岭南时，先任命屠睢为大将军，赵佗为副将军。屠睢凶残嗜杀，遭到当地人民的强烈反抗，他本人也因此被刺杀。屠睢死后，秦始皇命任嚣为将军，赵佗仍为副将军，继续平岭南。经过 4 年的征战，岭南终于被纳入中国版图。

▲ 京杭大运河

先秦时期，长江流域和珠江流域之间被巍峨的五岭山脉所阻隔，陆路往来非常困难，水运更是无从谈起。但是，漓江的上游和湘江的上游同出于广西兴安县境内，而且两处水域最近处相距仅 1.5 千米，中间的山梁也相对低矮。公元前 219 年，秦嬴政统一六国后，为了完成全国统一大业，又出兵南征岭南。当他的大军到湘江上游时，为了运输粮饷的需要，他派当时的水利专家史禄在当地开挖运河。秦朝士兵和当地的劳役一起，付出了巨大的艰苦劳动，劈山挖渠，终于把海洋水引入大溶江，打开了南北水路交通的要道。

灵渠全长虽然只有 30 千米，宽 5 米，但是在当时的科技条件下，灵渠工程也是异常艰巨复杂的。南部渠道都是紧临山道而修，途中还要将几处山崖拦腰破开。尤其是太史庙山，要从几十米高的山崖上辟开一条河道。这样浩大的工程，在一无炸药、二无机械的条件下，全凭双手和简单的劳动工具完成，充分说明了当时人们的勤劳和智慧。

灵渠修成后，立刻起到作用。在灵渠修成的当年，秦始皇的大军就平定了岭南。在随后几千年的岁月里，灵渠也为南北经济交流做出了巨大的贡献。

❖ 人工大运河

中国最大的**瀑布**

诗仙李白曾有一首诗赞美庐山瀑布的雄伟壮观："飞流直下三千尺，疑是银河落九天。"在我国各地的名山大川中，有很多著名的瀑布，但最大的瀑布，就要数黄果树瀑布了。

黄果树瀑布位于贵州省安顺市，因当地盛产一种独特的植物"黄果树"而得名。黄果树瀑布不仅是中国最大的瀑布，在世界上也有很高的知名度。黄果树瀑布高 77.8 米，宽 101 米，其中最为宏大的主瀑布高 67 米，上游宽 83.3 米。冬季上游缺水时，瀑布水势较小，但也显得婀娜妩媚；夏季雨季来临时，瀑布水势凶猛，澎湃的水流一泻而下，气势磅礴，巨大的水声远在几里以外都能听见。瀑布激起的水烟缥缈，像烟雾一样缭绕几百米高，人在其中像置身于神境一般。事实上黄果树瀑布并不是单一的瀑布，在以它为中心的 450 千米区域内，有 18 个地面瀑布和 4

知识小链接

相传很久以前，该地区盛产黄果，青年男女们常来到此处谈情说爱，海誓山盟。相爱的人们为了表示忠贞，常以黄果和瀑布为证，久而久之，瀑布就被称作"黄果树瀑布"了。

❖ 黄果树瀑布

个地下瀑布群。黄果树瀑布不仅是这个瀑布群中规模最大的，而且也是景色最壮丽的。

与世界上其他瀑布不同，黄果树瀑布可以从上、下、左、右、前、后不同的位置去观赏，在每个位置上都能看到不一样的景色。我国著名的旅行家、地理学家徐霞客曾游历贵州，途经黄果树瀑布时，对它作了如下描述："……渡桥北，又随溪西行半里，忽陇箐云蔽，复闻声如雷，余意又奇景至矣！透陇隙南顾，则路左一溪悬捣，万练飞空，溪上石如莲叶下覆，中剜三门，水由叶上漫顶而下，如鲛绡万幅，横罩门外，直下者不可以丈数计。捣珠崩玉，飞沫反涌，如烟雾腾空，势甚雄厉。所谓'珠帘钩不卷，匹练挂遥峰，俱不足以拟其壮也'。盖余所见瀑布，高峻数倍者有之，而从无此阔而大者。但从其上下瞰，不免神悚。"

黄果树瀑布附近群山环绕，树木郁郁葱葱，景色分外诱人，每年都吸引了无数的中外游客前来观光旅游。

❖ 黄果树瀑布

■ Part2 第二章

中国最深的**内陆湖**

中国幅员辽阔，广阔的土地上分布着大大小小、长长短短的湖泊河流，而那些湖泊就像一颗颗宝石，点缀着祖国的大好河山。

东北地区长白山上的天池是我国最深的内陆湖。天池也称白头山天池，位于吉林省东南部长白山自然保护区内，像天然的屏障将中国和朝鲜分在两端。天池水面海拔 2150 米，因为它所处的位置较高，所以被称为"天池"。天池并不是天然形成的，它下面的长白山原是一座活火山，16 世纪以来爆发了 3 次。火山爆发喷射出大量熔岩之后，火山口形成了一个天然的斗盆形状，时间一长，积水汇集便形成了现在的天池。

长白山天池是自然形成的水库，它成为松花江、鸭绿江、图们江水域的发源地，所以又有"三江之源"之称。这里气温较低，两岸的山崖常

知识小链接

两百多年来，不断有人声称在长白山天池看见了硕大的水怪。据称，此水怪头长 2 米，脖子以下深藏水里，无法判断身躯，但根据动物的头、身比例推测，此物体长至少在 20~30 米之间。天池水怪为这座美丽的高山湖泊增添了一份神秘。

❖ **长白山天池**

年被冰雪覆盖，积雪有时厚达 3 米。天池湖水平均温度只有零下 7.3℃，一年冰冻期长达 8 个月，是世界上著名的高寒湖泊。这样恶劣的自然环境，造成湖内微生物和有机质稀少，没有任何生命在湖中生存。

❖ 内陆湖

天池四周山川密布，地势险峻。由于气候变化，被阳光直射后，湖面常常升腾起云雾，缥缥缈缈，仿若仙境一般。清澈的池水从湖的一侧倾泻而下，形成世界上落差最大的火山湖瀑布，飞溅的水花和轰鸣的水声形成一道独特的景观，生动地再现了"疑似龙池喷瑞雪，如同天际挂飞流"的绝妙境界。

天池所依的长白山是中国十大名山之一，秀丽的景色素来与五岳齐名，它因主峰白头山多积雪而得名，有"千年积雪万年松，直上人间第一峰"的美誉。

❖ 长白山天池

■ Part2 第二章

中国最大的**盐湖**

我们常吃的食用盐一部分是从海水中提炼的，但是从海水中提取食用盐并不是唯一的渠道，有一些湖叫作盐湖，也富含盐矿。

察尔汗盐湖位于青海省柴达木盆地，面积约为 5800 平方千米，是我国境内最大的盐湖。察尔汗盐湖蕴藏着丰富的盐矿资源，据测算，湖内最少有 500 亿吨的含盐量。如果按现在全世界的人口计算，察尔汗盐湖可供全世界的人食用 1 万年。

察尔汗在蒙古语中的意思是"盐的世界"，这个说法非常贴切。因为察尔汗盐湖由达布逊、南霍布逊、北霍布逊、涩聂四个盐湖汇聚而成，并且有

> **知识小链接**
>
> 全中国解放后，国家大力发展矿业和基础设施建设，青海省也上了几个项目。为了找到支撑工业的矿山，国家派出了大批地质工作队，其中有一个勘察队来到察尔汗盐湖后，经分析化验，认为这里就是一个"矿山"。

◆ 察尔汗盐湖

格尔木河、素棱果勒河等十几条内陆河流入。而"尔汗"在蒙古语的意思则为"盐泽"。察尔汗盐湖地处戈壁，这里气候干燥炎热，日照时间又长，所以水分蒸发量要高于降水量，湖水经过长期日晒形成高浓度卤水，然后结晶形成盐粒。经过岁月长期积淀，盐湖上便积累了厚厚的盐盖，像冬天水面的冰层一样，异常坚硬。

关于察尔汗盐湖还有一个传说：在很久以前，察尔汗盐湖这个地方没有水，反而遍地宝石。山神和妖怪们为了争抢宝贝便发起了连年的争斗，给这里的百姓带来了无尽的灾难。在昆仑山修行的王母娘娘得知消息后非常气愤，于是派水神下凡，用天水淹没了宝贝，于是便有了今天的察尔汗盐湖。

传说虽然不是真实的，但这里的独特风景却是真实存在的。湖里的盐花变化成各种形态，有的如珍珠，有的如珊瑚，把这里装点得异常美丽。每年来观看盐花的游客多达数万人。

❖ 察尔汗盐湖

Part2 第二章

中国最大的咸水湖

下面我们要认识的这个湖泊和察尔汗盐湖有几分相似，因为它的湖水同样是咸的。

风景美丽的青海湖坐落在青海省东北部的盆地内，当地人称它为"库库淖尔"，意思是"青色的海"。青海湖全长 105 千米，宽 63 千米，湖水面积 4583 千米，湖面东西长，南北窄，略呈椭圆形。青海湖湖面海拔 3260 米，比泰山还高，湖水平均深度 19 米，全湖蓄水量达 1050 亿立方米。

❖ 青海湖

知识小链接

青海湖又名"措温布"，即藏语"青色的海"之意。它位于青海省西北部的青海湖盆地内，既是中国最大的内陆湖泊，也是中国最大的咸水湖。由祁连山的大通山、日月山与青海南山之间的断层陷落形成。

❖ 青海湖

据地质学家勘查，远在 2.3 亿年前，青藏高原还不是世界屋脊，而是一片汪洋大海。到了 200 万年前左右，这里的地质结构发生巨大变化，由于造山运动作用，一座高原拔地而起，一部分海水在这场地质运动中被陆地"截留"了，于是就形成许多大小不一的湖泊，青海湖就是其中最大的一个。在很久以前，青海湖还是一个外泄湖，有 100 多条河流流进湖中，途经青海湖流进黄河。大约在 100 万年前，青海湖东面的日月山又发生了强烈的地质变化，高高隆起的山梁挡住了青海湖流向黄河的出口。这时一个神奇的现象发生了，原本从青海湖向东流出的河水，被迫向西流淌，形成了我国仅有的自东向西流的倒淌河，于是它就成了一个只入不出的闭塞湖。

青海湖的渔业资源很丰富。这里有一种奇特的捕鱼方法：寒冬来临的时候，等青海湖完全被冰层覆盖，渔民们就在冰面上钻一个孔，水下的鱼儿看到阳光或灯光，就会自动从孔中跳出水面。这真是一种有趣的捕鱼方法。

❖ 青海湖

Part2 第二章

中国最大的淡水湖

鄱阳湖是中国第一大淡水湖，同时也是中国第二大湖，它位于江西省的北部。

鄱阳湖是由于地壳陷落，不断淤积而形成的天然湖泊。它的水源由修水、赣江、鄱江、信江、抚河等主要水系汇聚，而后经湖口注入长江。从空中鸟瞰，鄱阳湖呈葫芦状，湖面南北长110千米，东西宽50～70千米，其中最窄处只有5～15千米。

知识小链接

公元1363年，朱元璋和陈友谅在鄱阳湖展开生死大战。朱元璋的势力原本没有陈友谅强大，但他采用刘伯温的计策，最终以少胜多，扫清江南所有割据势力，为建立大明奠定了基础。

鄱阳湖所处的外部环境气候适宜，水草丰美，特别适宜水生物繁衍生息，所以这里也是传统的鱼米之乡。湖内生活着的各种鱼类达100余种，常见的主要有鲤鱼、青鱼、草鱼、鲢鱼等淡水鱼类，贝、螺产量也很大。滨湖平原是江西重要的农业种植区，盛产水稻、大豆、小

❖ 鄱阳湖

鄱阳湖

麦等粮食作物和经济作物。

因为这里温暖的气候、丰富的水生物资源，每年都会吸引大量的候鸟来此越冬。每年10月份左右，来自俄罗斯远东地区、蒙古、朝鲜、日本和我国东北地区的候鸟会陆续飞到此地，成千上万的鸟儿在此汇聚，形成一道独特的风景线。到次年春暖花开的时节，它们又会陆续飞回自己的栖息地。

鄱阳湖除了有丰富的物产资源之外，还有深厚的人文资源。在中国历史上，这里曾经是兵家必争之地，也曾经历过战火的洗礼。比较有名的当数三国时期的周瑜，他看中了这里开阔的水域，在这里操练过自己的水师；而明朝的开国皇帝朱元璋更是在此地与陈友谅发生过激烈的水战。宋朝著名词人苏轼在《李思训画长江绝岛图》中描写的"山苍苍，水茫茫，大孤小孤江中央"，就是鄱阳湖的胜景。

鄱阳湖

Part2 第二章

中国海拔**最高的湖**

> 与青海湖相似，纳木错湖也是一个大型的咸水湖。它坐落在青藏高原，湖面海拔 4718 米，是当之无愧海拔最高的湖。

纳木错湖是中国海拔最高的湖泊，它形似长方形，东西长约 70 千米，南北宽约 30 千米，面积达 1920 平方千米。湖中最深处达 33 米，蓄水量超 768 亿立方米。西藏人民称之为"纳木错"，蒙古人称之为"腾格里海"，翻译成汉语都是"天湖"的意思。

纳木错湖南面紧邻常年冰雪不化的唐古拉山，西北面则是高原丘陵，草原环绕在湖的四周，景色秀丽。纳木错

知识小链接

公元 12 世纪末，藏传佛教高僧巴扎西贝到湖上修行密宗，认为纳木错湖是胜乐金刚的道场，于是兴起了在藏历羊年转湖念经的宗教传统，所有信奉藏传佛教的藏族人民会在藏历羊年的四月十五日来到纳木错湖，绕行一周，以示宗教虔诚。

❖ 纳木错湖

湖虽然含盐量很高，不利于水生物生活，但在其周围的草原上却生活着众多的野生动物，如野牛、山羊等。

每个亲临纳木错湖的人，都会被这里无以言表的美丽所震撼，仿佛灵魂都被这片纯净的湖水所洗涤。站在湖边放眼所及，是一片蓝色的天地，天的蓝和湖水的蓝交汇在一起，蓝得清澈而丰润，再也找不到任何地方的景色能与之相比。由于这里地处高原，没有任何空气污染，所以映入我们眼帘的蓝天是那样的深邃，湖水是那样的清澈纯净，远处雄伟的唐古拉山披着"白纱"，静静地守在湖的不远处；湖边的大草原仿佛是一张巨大的绿毯，无边无际地铺在湖的周围。高原的气候是多变的，时而狂风大作，时而风平浪静，但不管何时，纳木错湖都有别样的风情。

纳木错湖中屹立着 5 个天然岛屿，藏族同胞将它们视为五佛的化身，他们到此都会虔诚地膜拜。这 5 个天然岛屿中要数扎西半岛面积最大。扎西半岛大约 1.2 平方千米，岛上奇峰怪石，有的如松柏，有的如象鼻，有的如人形，真是千姿百态，不一而足。除了怪石之外，岛上还有很多岩洞，这些岩洞或大或小，或深或浅，同样形态各异。

纳木错湖不仅是中国海拔最高的湖泊，还是世界上海拔最高的咸水湖，同时也是西藏地区最大的内陆湖，它和阿里的玛旁雍错湖、浪卡子县的羊卓雍错湖并称为"西藏三大圣湖"，在藏族人民心中有着举足轻重的地位。

◆ 纳木错湖

伟大的中国之最

中国最大的**海峡**

台湾海峡是我国最大的海峡，有了它的存在，中国内地与台湾岛只能隔海相望，不能相连。

台湾海峡全长 370 千米，北面宽约 200 千米，南面宽约 410 千米，最窄的地方是福建海坛岛与台湾岛白沙岬的距离，只有不到 130 千米。台湾海峡属东海大陆架浅海。在古生代和中生代时，它还与大陆连在一起，第三纪大规模的地质活动造成它与大陆母亲分离。在几百万年前，喜马拉雅造山运动中，台湾岛冲出海面形成岛屿，又经历几百万年的地质活动，终于形成现在的地形。

台湾海峡属南亚热带、亚热带季风气候。受北部大陆影响，气温年差悬殊；受南部海洋影响，这里气候多变，特别是季风

知识小链接

早在 1940 年，就有一些学者提出修建一条从福建通往台湾的海底隧道，但由于旧中国工业不发达，这一设想只能是美好的愿望。进入 21 世纪，中国已经有了修建海底隧道的能力，但台湾当局积极性不高，不愿修建海底隧道。

❖ 台湾海峡

期来临时，常有台风光临。因为这里是寒暖两股水流交汇之地，所以很适合海洋生物生存，这里汇聚了众多的鱼虾，渔业资源丰富，台湾海峡也因此成为中国传统渔场之一。除渔业资源外，这里还有丰富的矿产资源，海底岩层中蕴藏着丰富的钛铁、磁铁、金红石、独居石和锆石等矿产。

台湾海峡两岸地貌复杂，沿岸多岩石，岸线曲折，海岛密布。归福建省管辖的大小港湾就有 30 多个，海岛 600 多个。东部多为水质水岸，地势低、泥沙淤积，近水都是浅滩，不利于兴建口岸。

台湾海峡的地理位置特殊，在航运、军事上都具有非常重要的地位。航运上，它是打通东海、黄海、渤海与南海的必经之路。东北亚地区的水运如果想到东南亚，从这里通过也是最快捷的通道。所以台湾海峡有"中国海上走廊"的称号。

❖ 台湾海峡

Part2 第二章

中国最深的**峡谷**

位于我国西藏雅鲁藏布江下游的雅鲁藏布大峡谷是中国最大的峡谷，同时也是中国最深的峡谷。

雅鲁藏布大峡谷的核心是个无人区，这里分布着 4 个大型瀑布群，其中一些主体瀑布的水流落差达到 30 ～ 50 米。大峡谷北起西藏米林县的大渡卡村，南至墨脱县的巴昔卡村。峡谷全长约 505 千米，最深处达 6009 米，平均深度在 2268 米左右。

青藏高原上的水汽交流都要通过雅鲁藏布大峡谷，受印度洋暖湿气流的影响，这里常年雨水充沛，南部峡谷年降水量达到 4000 毫米，北部地区年降水量却只有或不到南部的一半。即使这样，整个峡谷的气候也非常湿润，适宜植物生长，因此造就了雅鲁藏布大峡谷丰富的生物资源。这里有天然的气候分界带，这里有丰富的水利资源，

知识小链接

雅鲁藏布大峡谷的谷底是湍急的江水，即雅鲁藏布江。它发源于我国西藏自治区南部，流经印度和孟加拉国，水量极为充沛。2006 年，印度指责中国在上游修建水坝以拦截江水，印、孟两国将受制于中国。印度在指责中国的同时也在中游建大坝，以拦截流往孟加拉国的水量。

◆ 雅鲁藏布大峡谷

❖ 雅鲁藏布大峡谷

这里生活着古老的物种，这里有濒临灭绝的生物……这些丰富的资源引起了各国科学家的注意。

但是，整个峡谷的地质环境还是十分复杂且危险的，这里不仅有冰川和绝壁，还有陡坡和悬崖，泥石流和巨浪更是这里的常客。所以即使技术再好、经验再丰富的探险者在这里也会因胆怯而停滞不前。至今还有一些地区没有人涉足，仍保持着原始的形态，成为世界上少有的秘境。

雅鲁藏布大峡谷是怎么形成的呢？据地质学家推测，在第四纪中，西藏地区的地质发生剧烈变化，受冰川和地质作用的共同影响，这里就形成了一个古冰川"U"形谷。

雅鲁藏布大峡谷虽然徒步很难深入，但这里也有两个著名的景点，一个是青藏高原最大的水汽通道，这个通道像是一个巨大的通风口，往高原内部输送着源源不断的水汽，滋养着那里的生命；另一个是大拐弯峡谷，这里有几个急转的弯道，周边又有连绵的高山，构成了一幅绝美的画卷。

雅鲁藏布大峡谷是自然造化的结果，也是地球留给人类的宝贵资源，人类有义务保护好这个神圣的地方。

中国最大的盆地

塔里木盆地是中国最大的盆地，它地处新疆维吾尔族自治区南部，三面分别有天山、帕米尔山、昆仑山、阿尔金山环绕。

塔里木盆地从高空鸟瞰呈菱形，海拔 1000 米左右，面积 53 万平方千米。由于它身处大陆腹地，周围被群山阻挡，湿润的空气很少能够进来，所以年降水量不足 100 毫米，属于极为干旱的沙漠地区。

塔里木盆地气候干燥，日夜温差和不同季节的温差极大。每到季节交替之时，这里的气候都会发生异常变化：早晚的气温极低，人们要穿上厚厚的棉服抵御严寒；到了中午，气温又急剧升高，人们即使只穿一件单衣也会汗流不止。

在公元 8～11 世纪时，这里还有少数民族活动，比如突厥部落。后来突厥部落整体南下，与塔里木盆地边缘地区的原住居民融合，形成近代的维吾

❖ 塔里木盆地的道路

尔族，最终形成现在的新疆维吾尔族。

过去的一段时期，国外一些专家和探险者们将塔里木盆地视为没有生命的不毛之地，但事实并不像他们想得

❖ 塔里木盆地干枯的树木

那样严重。在盆地外围的戈壁滩内侧，靠天山和昆仑山雪水的灌溉，这里断断续续分布着 100 多个大小不等的绿洲，围绕着盆地形成一个环形的、生机勃勃的绿色地带。这里不仅生产以小麦、玉米为主的粮食作物，还生长着长绒棉、各种瓜果等经济作物。

塔里木盆地曾是古代丝绸之路的"咽喉"之地，从汉代开始，中国丝绸就是经这里源源不断地输送到波斯和罗马的。现已探明，塔里木盆地蕴藏着大量的金属和石油，原来在它荒凉的外表下面竟是一片富饶之地。

Part2 第二章

中国最高的**盆地**

我国有四大盆地：塔里木盆地、准噶尔盆地、四川盆地和柴达木盆地，其中的柴达木盆地是我国最高的盆地。

柴达木盆地是一个典型的高原盆地，也是唯一一个位于第一阶梯的高原盆地。它地处青藏高原北部，地势最高，虽然这里条件恶劣，却蕴藏着极其丰富的资源，素有"聚宝盆"的美誉。据探测，这里不仅盐矿资源惊人，还有丰富的石油、煤炭和多种金属矿产资源。

知识小链接

柴达木盆地富含石油、煤炭、磷钾以及多种贵重金属矿藏，如鱼卡的煤炭、冷湖的石油、锡铁山的铅锌铜矿等。因此柴达木盆地又有"聚宝盆"的美誉。

❖ 柴达木盆地

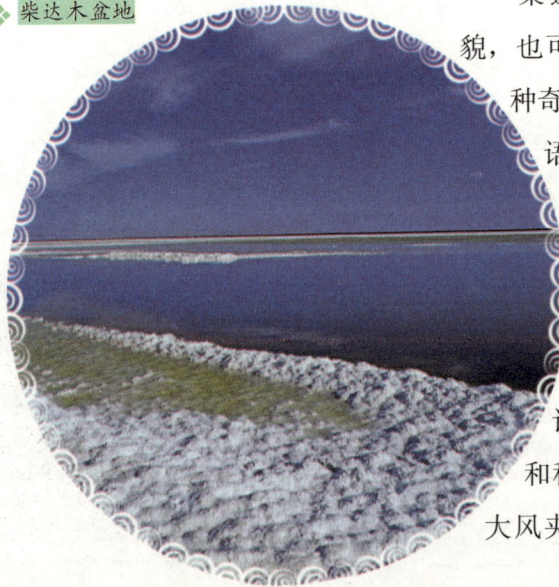

柴达木盆地属于典型的雅丹地貌，也可看成是沙石林，这是当地一种奇特的地貌。"雅丹"在维吾尔语中的意思是"有陡壁的土堆丘"。雅丹地貌的形成与风化作用有着密切的联系。这里也是沙漠地区，时而狂风骤起，时而一丝风都没有，让人摸不透它的脾气。在春季和秋季，这里狂风不止，呼啸的大风夹杂着沙砾漫天飞舞，但西部的昆仑山阻挡了大风的去路，于是大风又改变了风向，风速也缓和了许多，许许多多的沙子和碎石便沉积在了这里。

❖ 柴达木盆地

柴达木盆地属于高原大陆性气候，这种气候的特点就是多风少雨，因此这里极度干旱，年降水量自东向西由200毫米降至15毫米。盆地年平均气温都在50℃以下，气温变化非常大，年绝对温差达到60℃，这在内陆地区是很难想象的。除了一年内温差大之外，日温差也在30℃左右，甚至在盛夏时节，这里夜晚的温度也能降至0℃以下，这样忽冷忽热的自然环境，一般生命是难以抵御的。除此之外，这里还有一个特点就是风力超强，一年中平均有50天的风力达到8级以上，每秒40米的强风在这里也不稀奇，常年风蚀造成了这里的雅丹地貌。

❖ 柴达木盆地

中国海拔**最低**的盆地

这一篇我们来再认识一下中国海拔最低的盆地。

这个盆地就是坐落在新疆东部天山脚下的吐鲁番盆地。它不仅是中国海拔最低的盆地，同时也是世界上海拔最低的盆地。我们对"吐鲁番"都不陌生，那么它是什么意思呢？"吐鲁番"在维吾尔语中的意思是"低地"。吐鲁番盆地四周被群山环绕，北部和西部的博格达山和喀拉乌成山连成一片，这片山岭的高度在 3500 ～ 4000 米之间。南部有高度为 1500 米的觉罗塔格山。吐鲁山盆地的面积大约为 5 万平方千米，低于海平面的面积有 4050 平方千米，位于吐鲁番盆地的艾丁湖低于海平面达 155 米。

"火云满山凝未开，飞鸟千里不敢来"是古人对吐鲁番盆地异常炎热的真实写照，因为这里不仅地势低，而且空气温度高，素有"火洲"之称。神话故事中的"火焰山"

> **知识小链接**
>
> 吐鲁番盆地光照时间长，有利于植物的光合作用，因此非常适合水果和棉花的生长。这里的番茄维生素含量很高，而且不易生害虫，很少使用杀虫剂等化学物品；这里的棉花产量高、棉绒长。

❖ 吐鲁番盆地

就坐落在这里，火焰山东西长度约 90 千米，海拔 800 米。因为该山的主要成分是红色的砂岩，远远望去红彤彤一片，特别是在太阳照耀下，一片红光，仿佛真的被烈火点燃一般。明朝吴承恩撰写的《西游记》中的火焰山据说就是这里。

❖ 吐鲁番盆地

热能丰富、日照时间长、空气干燥是低海拔的吐鲁番盆地最大的自然特点，虽然这些自然特点让人们感觉很难适应在这里生活，但这些自然特点成就了这里的瓜果种植业。这里所产的葡萄、哈密瓜质量上乘，一直是各地客商的热销商品；这里种植的长绒棉，因品质优良，更是远销全国各地。你身上穿的衣服，说不定就是由产自吐鲁番盆地的棉花所生产的。

❖ 吐鲁番盆地

■ **Part2** 第二章

中国最大的**沙漠**

地球上有这么一片地方，它干旱少雨、生物稀少、伴有大风，荒无人烟，这是哪里？你一定会猜到是沙漠。

塔克拉玛干沙漠是中国最大的沙漠，也是世界第九大沙漠，同时它又是世界第二大流动性沙漠。它东西长约1000千米，南北宽约400千米，面积33万平方千米。这里年平均降水量不足100毫米，最少时还不足5毫米；年平均蒸发量却高达2500～3400毫米。塔克在维吾尔语中的意思是"山"，拉玛干是"大荒漠"的意思，连起来就是"山下面的大荒漠"。这里的沙丘呈金字塔形，大多100～200米高，狂风骤起时会将其吹高至原来的3倍。

塔克拉玛干沙漠属于典型的大陆性气候，昼夜温差大，风沙强烈。世界上其他的沙漠少有像塔克拉玛干沙漠这么复杂多样的，这里沙山和沙垄交错，从高空鸟瞰，犹如一条条巨龙匍匐

知识小链接

在海面或沙漠中，由于太阳光的照射而产生大量蒸汽，致使空气上下密度不同。光在密度不同的空气里传播会产生折射，因此产生"海市蜃楼"景象。

❖ **塔克拉玛干沙漠**

在地上；而塔型的沙山，有的如鱼鳞，有的如羽毛，有的如蜂窝，变化万千，无一雷同。

❖ 塔克拉玛干沙漠

塔克拉玛干沙漠中有一红一白两座最大的沙丘，这就是圣墓山。圣墓山含有红砂岩和白石膏成分，所以分成两种不同的颜色。大自然的鬼斧神工造就了圣墓山上奇特的风蚀蘑菇，它高约 5 米，巨大的伞盖下能容纳 10 人乘凉。白天日照最强时，塔克拉玛干的银沙晃得人睁不开眼睛，地表温度高达 70℃以上，炙热的空气使地表上的景物呈缥缈状，所以常常会出现神奇的"海市蜃楼"。

在沙漠四周，有几条河流滋养着这里的生命，于是胡杨和柽柳就顽强地生存了下来，构筑了一个个绿色走廊。这里也是一些野生动物的"天堂"，它们在这里繁衍生息，与恶劣的环境做斗争，为不毛之地增添了一线生机。近代，人们在这里陆续发现了丰富的地下水资源和石油资源，相信不远的将来，这里将会被改造成为另一番景象。

❖ 塔克拉玛干沙漠

Part2 第二章

中国最大的**珊瑚岛**

我国有一个年轻的城市——三沙市，它于 2012 年 6 月设立，管辖西沙群岛、中沙群岛、南沙群岛及附近水域，市政府坐落在中国最大的珊瑚岛——永兴岛上。

永兴岛东西长约 1950 米，南北宽 1350 米，面积 2.13 平方千米，仅相当于国内一所普通高校的占地面积。但是不要小看了这个岛屿，这里风光秀丽，椰树成荫，岛上不仅有政府大楼、银行、医院、邮局等机构，也有商店、宾馆、港口、机场等配套设施，正所谓"麻

知识小链接

永兴岛是西沙群岛上的一颗璀璨的明珠，它战略位置极佳，非常适合作为军用机场。我国已经在永兴岛修建了大型跑道，能起降各类军用飞机，人民子弟兵长驻岛上，时刻守卫着祖国的海疆。

◆ 永兴岛

雀虽小，五脏俱全"。

和大多数岛屿不同，永兴岛是由小小的珊瑚虫建造起来的。千百万年前，珊瑚虫就在这里生活，它们相中了这里的自然环境，用分泌出的石灰质在浅海中"大兴土木"，建造自己的王国。经过千百万年不停地

堆积，海底就形成了形态各异的珊瑚礁。随着地壳运动，一些珊瑚礁被推出水面，就形成了现在的珊瑚岛——永兴岛。

❖ 永兴岛

永兴岛属于热带海洋气候，年平均气温 27℃，气候适宜。这里没有环境污染，所以海水透明度极高，透明度通常在 20～30 米，在岸边透过清澈的海水，我们可以看到水底千姿百态的珊瑚。水下鱼、虾、蟹、贝等海洋生物丰富，共同构建了这里优美的生态区。岛上怪石林立，海棠林、椰树林、洁白的沙滩、清爽的空气，形成了得天独厚的自然风景。

永兴岛上生长着许多热带植物，有天然的，也有后期人工栽种的，仅百年树龄的椰树就有 1000 多棵。此外大量的三亚树、麻枫桐、枇杷树、羊角树等珍贵树种，给永兴岛披上了一抹绿色，更增添了它无尽的魅力，所以永兴岛又有"林岛"之称。

由于永兴岛距大陆口岸较远，又是军事重地，所以只开通了少量的旅游项目，并限制旅游人数。相信不久的将来，各种条件成熟之后，我们一定能一睹它的风姿。

❖ 永兴岛

■ Part2 第二章

中国最大的半岛

山东半岛是我国最大的半岛，地处山东省的东北部，以羊口—秀珍河为界限，半岛三面临海，北面与辽东半岛相望，东部与韩国隔海相望。

山东半岛总面积3.9万平方千米，在春秋战国时期，这里先是发展起渔盐产业，后逐步开始了冶铁和丝麻纺织业。汉代时，这里的种植业发展迅速，成为著名的东方粮仓。自唐代起，中国开展了海上运输贸易，登州和莱州成为当时重要的海运码头。明清时期，胶州成为中国北方重要的贸易口岸。由于鸦片战争的失利，青岛和威海先后沦为德国、英国的殖民地。新中国成立后，

知识小链接

山东半岛地理位置得天独厚，物产丰富，招远是著名的"金都"，黄金产量占全国的1/3；栖霞市是苹果之乡；莱阳梨闻名遐迩，香飘四海；烟台、威海和青岛又是著名的旅游胜地。

山东半岛的地域优势得到充分发挥，花生、水果、水产品和柞蚕丝闻名全国。

❖ 山东半岛

山东半岛是中国道教的发源地，虽然道教具体的兴起时间有多种解说，但大多数人认同的是起源于商周时期的神话传说和秦汉时期的方仙道。山东半岛因特殊的地理环境，成为神话传说中的圣地。先秦时期发源于这里的方仙道，后经秦皇、汉武的助推，在秦汉时期达到前所未有的规模。公元前219年，秦始皇东巡山东半岛，徐福自告奋勇要为秦始皇到蓬莱求仙丹。于是秦始皇征得数千童男童女随徐福入海，只是后来没了音信，成为历史上的笑谈。秦始皇在琅邪停留了3个月，并下令从各地迁来百姓3万户，免除他们12年的赋税徭役，以恢复当地生产，足见秦始皇对当地的重视。后来汉武帝也曾亲临半岛地区，祭祀沿海的五位神主。

山东半岛三面被海水包围，和自然条件有关，这里常常出现"海市蜃楼"的奇景，这种若隐若现的神奇景象，更增加了半岛独特的韵味。

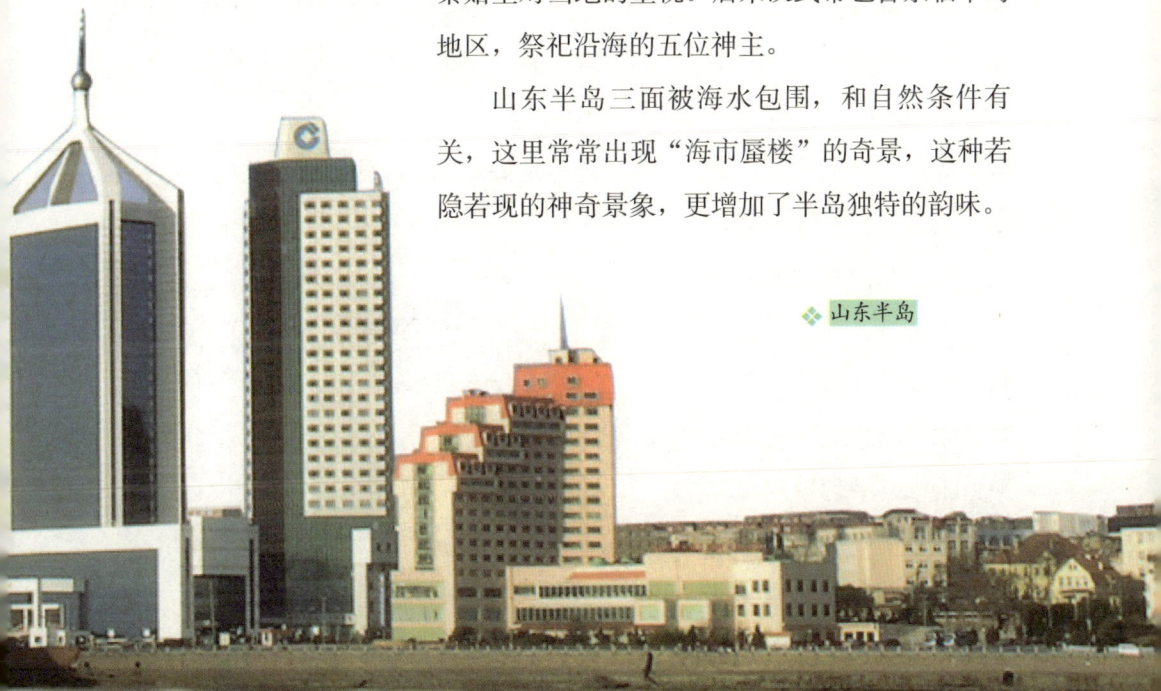
❖ 山东半岛

■ Part2 第二章

中国最高峰

大家对珠穆朗玛峰都不陌生，因为它是中国第一高峰，也是世界第一高峰。

珠穆朗玛峰海拔 8844.43 米，为世界最高峰。珠穆朗玛在藏语中的意思是"圣母"。珠穆朗玛峰是中国和尼泊尔两国的界山，它的北坡在我国西藏境内，南坡在尼泊尔境内。它属于珠穆朗玛峰山脉 4 座主峰之一，这 4 座主峰高度都在 8000 米以上，另外的 38 座山峰都在 7000 米以下。珠穆朗玛峰山体呈金字塔形，巍峨的山峰直插云霄。这里地势陡峭，环境恶劣。北坡高约 6200 米，南坡高约 6100 米。

在东北、东南和西面夹着三个大陡壁。这些山脊和峭壁之间分布着 548 条大陆型冰川，总面积达 1457 平方千米，平均厚度都在 7260 米左右。陡壁上都是冰壁悬崖和或明或暗的冰裂缝，一般人如果徒步涉

知识小链接

珠穆朗玛峰属于喜马拉雅山脉，这里群山连绵，地广人稀。两千多年来，当地一直流传着关于雪人的传说。虽然有众多目击者声称亲眼看到了红发白毛、高大魁梧的雪人，但至今仍未有相关影像资料，科学家也无法最终确认是否有雪人存在。

◆ 珠穆朗玛峰

足，很难安全回到地面。

1953 年 5 月 29 日，英国两名探险队员从尼泊尔境内登顶成功，成为历史上第一次登上珠穆朗玛峰的人。1960 年 5 月 25 日，由中国人组成的登山队顺利从西藏的北坡登顶成功。1975 年 5 月 27 日，另一支中国登山队再次登上珠峰，并在主峰竖起觇标，从而首次获得珠峰的精确高度。1988 年 5 月，由中国、日本和尼泊尔三国组成的登山小组，完成了从南、北坡同时登顶并跨越珠峰的壮举。1989 年，我国建立了珠峰自然保护区，这个保护区面积达 3000 平方千米。更令中国人欢欣鼓舞的是，2008 年奥运火距传递期间，中国登山运动员将圣火传递到珠穆朗玛峰的峰顶，开创了奥运圣火传递的新高度。

❖ 珠穆朗玛峰

❖ 珠穆朗玛峰

■ **Part2** 第二章

中国最著名的几座山

在中国的九州大地上遍布着众多名山大川，它们将巍巍中华装点得分外妖娆。下面我们一起来认识一下中华大地上的几座名山。

泰山

❖ 泰山

泰山坐落于山东省中部的泰安市，海拔 1547 米。中国古代称之为"岱山""岱宗"，春秋时期才改称"泰山"。在古代传说中，盘古死后，头部化成了泰山。

汉代设立"五岳"名山以来，泰山一直雄居五岳之首，在中国封建历史上扮演着举足轻重的角色，历代帝王举行封禅仪式都会选择泰山。自古以来的文人骚客也曾慕名而来，在这里留下千古名篇。泰山之旅，不仅可以欣赏祖国的大好河山，同时也能欣赏到中华传统文化。

泰山最著名的景观当数泰山日出，除此之外还有云海玉盘、晚霞夕照、黄河金带等十大自然奇观。身临其中，仿佛走入一幅天然的山水画卷。

华山

五岳中的西岳指的是华山。华山坐落在陕西省华阴县，属于秦岭的一部分，山体由花岗岩构成。它的险峻位居五岳之首，所以又有"奇险天下第一山"之称。

❖ 华山

华山名字的由来跟华山山峰的形状是分不开的。远观华山山峰，犹如一朵含苞欲放的莲花，古时"华"与"花"通用，再加上华山紧临黄河，是华夏的发源地，所以就有了"华山"之名。

据著名学者章太炎先生考证，华山是华夏文化发祥地之一，"中华""华夏"皆因华山得名。远古时期的黄帝、尧、舜曾经巡游华山；秦始皇、汉武帝、武则天等帝王都曾亲临华山祭拜。

峨眉山

位于四川省的峨眉山市因这里的峨眉山而得名。峨眉山景区总面积约154平方千米，海拔高度3099米。早在春秋战国时期，峨眉山就已经成为远近闻名的山。关于它名字的由来，人们说法不一。有的说峨眉山因山水秀丽而得名，有的说是因"两山相峙"而得名。还有一种说法是峨眉山跟它脚下的大渡河有关，大渡河在古时称"渽水"，山因水而得名。

峨眉山是中国著名的佛教圣地。这里坐落着大小寺院26座，较为知名的有八大寺庙，相传为佛教普贤菩萨的道场。

峨眉武术与少林、武当齐名，属中原三大武术宗派。峨眉派武术讲究柔中带刚、玉树临风，练武者姿态飘逸是其他宗派达不到的。

五台山

五台山坐落在山西省东北部，与安徽九华山、浙江普陀山、四川峨眉山并列为中国四大佛教名山。这里自然环境幽静清凉，又是中国十大避暑名山之一。2009 年，五台山被联合国教科文组织列入《世界遗产名录》。

❖ 五台山

五台山是地球上最早露出水面的陆地之一。它的出现，要追溯到 26 亿年前的太古代。到震旦纪时期，经历"五台隆起"运动之后，终于形成现在这样雄浑壮丽的风姿。

五台山最低处海拔 624 米，最高处海拔 3061 米，是华北地区最高的山峰，所以就有了"华北屋脊"之称。五台山气候较为寒冷，全年平均气温仅为零下 4℃，所以又被称为"清凉山"。

庐山

庐山位于江西省北部城市九江县境内，是世界级名山，风景区总面积 302 平方千米，山体面积 282 平方千米，最高海拔 1474 米。

相传周朝时期，有匡氏兄弟七人上山修道，结庐为舍，因而得名庐山。

没有几个山体能像庐山这样，大江、大湖、大山浑然一体，既有险峻的一面，又有秀丽的一面，形成了小巧玲珑而独特的自然景观。"春如梦、夏如滴、秋如醉、冬如玉"，构成了庐山风景如画的秀美景色。

黄山

坐落在安徽省黄山市的黄山是我国十大名山之一，也是三山五岳中三山之一。黄山是道教圣地，素有"天下第一奇山"的美誉。千百年来，文人墨客如李白、徐霞客等都曾光顾黄山，并留下壮美的诗篇和历史足迹。

黄山是中国最令人心灵震撼的十大名山之一，也是著名的避暑名山，还是中国同时拥有世界文化与自然遗产和世界地质公园两项世界桂冠的景区。

黄山处于亚热带季风气候区，山谷幽深，气候特点是云雾多、湿度大、降水多。主峰莲花峰海拔 1864.8 米，山中著名的景点有云谷、松谷、北海、玉屏、温泉、钓桥等。

❖ 黄山

武夷山

武夷山位于福建省西北部，处在福建与江西的交界处，山脉面积 999.75 平方千米。武夷山属典型的丹霞地貌，素有"碧水丹山""奇秀甲东"等美誉，是中国首批国家重点风景名胜之一。

武夷山是中国传统的历史文化名山。在新石器时代，古越国人就在这里生活。悬崖绝壁上的"架壑船"和"虹桥板"，就是古越人留下的遗迹。西汉时，汉武帝派使者到此祭祀；唐朝时唐玄宗大封天下名山大川，武夷山也在受封之列。唐朝末期，杜光庭在撰写《洞天福地》时，将武夷山列为三十六洞天之一。

武夷山是三教名山，自秦汉以来，这里就是儒家学者倡道讲学之地。

■ Part2 第二章

中国第一高原

青藏高原有"世界屋脊"之称，可见它的高度。这里的人文景观和自然景观闻名于世，在人们心目中它是与天最近的陆地，是人间天堂。

青藏高原地域辽阔，属于我国的面积有 240 万平方千米，约占中国国土面积的 1/4。青藏高原地广人稀，没有工业污染，人类活动范围又小，所以这里的生态系统保护完好。目前我们已经采取封闭式保护方式，禁止在高原保护区内非法活动，以实现青藏高原可持续发展的战略目标。

知识小链接

青藏高原平均海拔在 4500 米左右，空气中氧含量不到平原地区的 1/2，若游客进入高海拔地区，会出现胸闷、呕吐、焦虑等症状，这就是所谓的"高原反应"。身体健康者可以很快适应高原缺氧，身体虚弱者则会持续发烧、呕吐，严重者很可能危及生命。

青藏高原是我国海拔最高的高原，也是世界第一高原。它大部分面积位于我国境内，横跨我国 6 个省区、201 个县，包括西藏自治区和青海省全境，四川、新疆、甘肃和云南部分地区。除我国境内以外，青藏高原还包含尼泊尔、不丹、印度、巴基斯坦、塔吉克斯坦、吉尔吉斯斯坦和阿富汗的部分地区。

应该说青藏高原在高原家族里是一个"年轻人"。在 2 亿多年前的元古时期，印度板块发生剧烈运动，向亚洲大陆板块挤压，使昆仑山脉和可可西里一带逐渐隆起。但是印度板块还是倔强地继续推进，这里便越来越高，最终形成现在的青藏高原。自然的力量是可怕的，但自然的力量又是神奇的，如果不是自然的力量，谁又能创造出今天青藏高原这样美轮美奂的景色？

❖ 青藏高原

在青藏高原上生活着一些惹人喜爱的珍稀野生动物，仅野生哺乳动物就多达 210 种，占到全国野生哺乳动物总数的一半左右。难能可贵的是，这些野生动物中国家一、二级保护物种占了很大比例。大熊猫、金丝猴、藏羚羊、雪豹、野牦牛等人们耳熟能详的动物就生活在这里。为了保护好这些生灵，我们国家专门为这些小家伙们建立了保护区。如川西卧龙保护区就是专为保护大熊猫而建的，此外著名的还有西藏藏羚羊保护区、西藏马鹿自然保护区和昌都芒康滇金丝猴保护区等。

此外，青藏高原地区还生长着 12,000 种维管植物，占全国维管植物总数的 40%，巨柏、长叶松、红豆杉、长叶云杉、桫椤、干果榄仁等濒危植物就分布在这里。而且，青藏高原是世界上杜鹃花种类最多的地区，因此有"杜鹃花王国"的美誉。

❖ 青藏高原

中国最神奇的几个地方

中国地域广阔，除了景色优美的地方外，也不乏令人恐怖的不毛之地，下面我们就来认识几个著名的神奇之地。

罗布泊

提起罗布泊，想必大家都听说过。罗布泊位于塔里木盆地东部，海拔780米，是塔里木盆地的最低点，面积约3000平方千米，著名的楼兰古城就曾坐落在这里。罗布泊也是古时"丝绸之路"的咽喉之地。

在几百年前，这里也是水草丰美、牛羊遍地的地方。塔里木河、孔雀河、车尔臣河和米兰河的河水在罗布泊汇聚。它最辉煌时曾经是我国第二大内陆湖，但后来随着上流河水的减少，罗布泊渐渐失去了往日的辉煌。时间进入20世纪中期后，因周围沙漠化严重，上流河水断流，致使罗布泊在20世纪70年代完全干涸。

这里的气候非常恶劣，炎热的夏季，这里的最高气温可达到70℃。但这还不是最恐怖的，罗布

◆ 罗布泊

泊常常发生诡异的失踪事件,所以这里又有"魔鬼三角区"之称。

乌尔禾魔鬼城

乌尔禾又被称作禾风城,它位于准噶尔盆地西北的佳木河下游。这里有一个独特的风蚀地貌,因这里奇形怪状的地质结构,当地人都称其为"苏鲁木哈克",意为"魔鬼居住的地方"。其实这里的地貌特征与罗布泊相似,都是典型的雅丹地貌,是在干旱、飓风环境下形成的一种地质类型。

"魔鬼城"方圆10平方千米,地面海拔350米左右。据考察,在白垩纪时期,这里曾是水草丰美的地区,生活着多种恐龙和元古生物。后因地质变化,天堂变为了地狱。

❖ 乌尔禾

这里的山丘被大风吹成各种形状,有的如塔,有的如动物,有的甚至像某些名胜建筑。因奇特的景观,"魔鬼城"吸引了大批的游客前去探险,一些影片也把这里当作外景地。

鸣沙山

鸣沙又称为响沙、哨沙,是大自然造化的结果,在世界各地许多国家的沙滩或沙漠里存在100多处响沙奇观。

在中国，有多处名为"鸣沙山"的旅游景点，敦煌鸣沙山因为久远的历史文化，成为最具代表性的一个。鸣沙山位于甘肃省敦煌市，在巴丹吉林沙漠和塔克拉玛干沙漠的交界位置，面积约200平方千米。当地哈萨克族人称之为"阿依艾库木"，意思是"有声音的沙漠"。鸣沙山四周被沙漠环绕，由5座赭红色的大型沙丘组成，其中最大的一座高约600米。人置身其中，会听到山上发出雷鸣般的号角声，时断时续，非常奇妙。抓一把细沙抛向空中，马上就会响起蛙鸣声。几个人并排从沙山上滑下时会听见它发出的只有阴雨天才会发出的轰鸣声。

说到鸣沙山就不能不提与之相伴的月牙泉。月牙泉在鸣沙山群峰环绕的一块绿色盆地

❖ 月牙泉

当中，因形似一弯新月而得名。古时月牙泉又称为沙井和药泉，是"敦煌八景"之一。月牙泉南北长100米，宽约25米，有"沙漠第一泉"之称。

怒江大峡谷

怒江大峡谷位于云南省境内，是雅鲁藏布江路经云南形成的一处地理奇观。它是世界上最长、最神秘、最美丽、最原始的一座大峡谷。峡谷全长300多千米，平均深度在2000米左右，贡山丙中洛一带甚至深达3500米，被称作"东方大峡谷"。

傈僳族自治州有三大峡谷，分别是怒江大峡谷、澜沧江大峡谷、独龙江大峡谷三处，其中犹以怒江大峡谷最为壮观。怒江上没有船，因为惊涛骇浪

❖ 怒江大峡谷

使小船无法通行，以前两岸居民过江主要靠一种称作"溜索"的工具。虽然高山、深谷、大江使得这里出行不便，这里却生活着傈僳族、怒族、独龙族、普米族等12个民族，他们以勤劳和勇敢的本性，创造出了独特的民族文化。

五彩湾

五彩湾位丁新疆昌古州，是在一片茫茫荒漠中诞生的一处地质奇观，这里是五彩缤纷的世界，素来以怪异、神秘而著称。

❖ 五彩湾

五彩湾又称作五彩城，由于大自然的鬼斧神工，将这里变幻成城郭一样的美景。五彩湾虽然只方圆3平方千米，却有由深红、黄、橙、绿、青灰、灰绿、灰黑、灰白等多种色彩的土质构成的大小不等的低丘群。

千百年前，由于地质运动的结果，在这里形成厚厚的煤层。后来地表的沙石经过狂风大雨的冲蚀，使煤层暴露在阳光下，后来煤层在不断的自然大火中燃烧殆尽，最终形成现在神奇的景象。

壶口瀑布

壶口瀑布位于陕西省北部的宜川县秦晋大峡谷的黄河河床中。黄河流到陕西壶口一带，因两岸高山阻隔，把滔滔黄河水全部集中在狭窄的黄河峡谷中，黄河水势因此聚拢，形成了一处特大的瀑布群。

知识小链接
第三套人民币中 50 元钱币的背面即是举世闻名的黄河壶口瀑布。由于黄河水的侵蚀，壶口瀑布每年都在向上游移动，也许几百年后壶口瀑布的外貌将是另一番景象。

壶口主瀑布宽 40 米，落差 30 米，黄河水奔涌而下，升腾弥漫起漫天的水雾，惊涛骇浪之声响彻云霄，气势极为壮观。站在河边的旅客不禁为这种气势所折服，不仅发出"风在吼，马在叫，黄河在咆哮"的吼声。

壶口瀑布有"水中冒烟"的奇景，也有"旱地行船"的怪事。上游船只行到此地，都要登陆，然后抬着船绕过壶口再下水继续前行。

◆ 壶口瀑布

第三章

智慧结晶
——文艺之最

　　在中国悠久的历史长河中，智慧的中国人在文学艺术上有着令人惊叹的造诣，这些艺术瑰宝无不折射出先民的聪明和中国文化的博大精深。

Part3 第三章

最早的纪传体**史书**

《史记》又称《太史公记》，是我国西汉史学家司马迁撰写的中国历史上第一部纪传体通史。

《史记》是西汉汉武帝时，由司马迁用了 18 年时间完成的著作。全书共一百三十卷，约 526,500 字，分十表、八书、十二本纪、三十世家、七十列传，记载了从上古传说时的黄帝时代至汉武帝元狩元年共 3000 年的历史。《史记》最初没有固定书名，或称《太史公书》，或称《太史公记》，也称《太史公》。"史记"本来是"古代史书"的意思，由三国时期开始，"史记"由通称改为"太史公书"专名。该书与后来的《汉书》《后汉书》和《三国志》并称为"前四史"。

《史记》的作者司马迁，是陕西韩城人，是西汉著名的史学家、文学家和思想家，他是董仲舒和孔安国的得意门

知识小链接

汉武帝时，李广之子李陵和匈奴作战，因为敌我力量悬殊，李陵被俘投降。司马迁认为李陵被俘情有可原，投降并非他本意。汉武帝大怒，将司马迁处以宫刑——他再也不是一个男人了。司马迁忍着巨大的屈辱，奋力著书，终于写成了这部名耀千古的史册。

◆《史记》

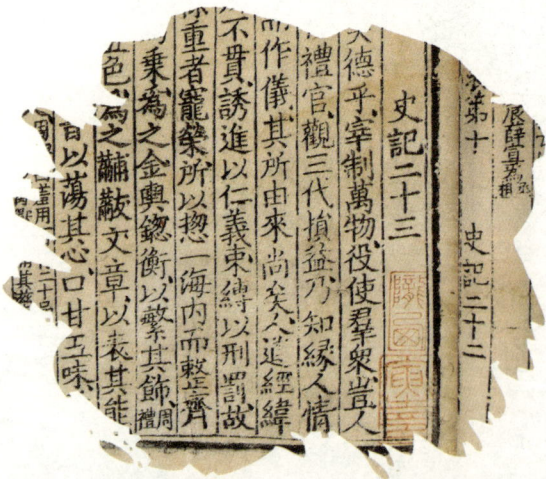

生。他在汉武帝时期任太史令，后受李陵案牵连被处以宫刑，后忍辱发愤著书，终于在他55岁时完成了这部鸿篇巨著。

❖ 司马迁

《史记》是中国历史上一部伟大的著作，它脉络清晰地反映了汉前3000年的政治、经济、文化、人物等内容。司马迁在借鉴各种史书的基础上，开创性地建立了新的体系。《史记》中人物特征突出，通过人物的言行来表现人物，用生动的形象来反映人物的性格特点是本书的一大特色。

《史记》是中国历史上第一本"纪传体"史书。在汉朝以前，史书都是采用以时间为次序的编年体，或是以地域为划分的国别体。而司马迁开创性地以人物为中心来反映历史事件的体例是前无古人的。从此之后，从东汉时期班固撰写的《汉书》到民国初期的《清史稿》，都传承了《史记》中"本纪"和"列传"的写作手法。

《史记》是中国历史上一部优秀的文学著作，在中华文学史上具有不可替代的作用，具有极高的文学价值。鲁迅对其评价是"史家之绝唱，无韵之离骚"；刘向等人对其评价是"善序事理，辩而不华，质而不理"，可见《史记》具有多么大的影响力。后世将司马迁的《史记》与司马光的《资治通鉴》并称为"史学双璧"。

❖ 《史记》

■ Part3 第三章

中国第一篇长篇叙事诗

我国第一篇长篇叙事诗是《孔雀东南飞》。它和《木兰辞》并称为"乐府双璧",两者和唐代韦庄所著的《秦妇吟》被称作"乐府三绝"。

将汉魏时期到五代时期的歌谣收录在一起的书叫《乐府诗集》,《孔雀东南飞》就是《乐府诗集》中的一篇。它创作的时间大致是在东汉汉献帝建安时期,作者无从考证,相传是当时民间为纪念"焦刘"的爱情故事而创作的,当然经过上千年的流传,今天我们看到

知识小链接

《孔雀东南飞》最初起源于《玉台新咏》,共356句,暗指农历一年356天之意。全诗语言朴素,故事完整,人物性格鲜明,结构紧凑,充分运用了浪漫主义手法,曾多次被改编为剧本,搬上舞台、银幕。

的版本可能和当初的大相径庭。

❖ 孔雀东南飞

《孔雀东南飞》通过刘兰芝与焦仲卿这对原本恩爱夫妻的悲剧爱情故事,鞭挞了古代的封建礼教,表达了青年男女追求自由婚姻的愿望。女主人公刘兰芝是一个对爱情忠贞不贰的传统女性,同时她又是一个敢于同家长专制与错误礼法斗争的不妥协的"叛逆"人物,历来被历史上的青年男女所传颂。

全诗第一句"孔雀东南飞,五里一徘徊"暗示夫妻离别,为全诗悲剧性的主旋

❖ 孔雀东南飞

律定下基调，统领全文。之后便是刘兰芝、焦仲卿、焦母和刘兄之间相互矛盾、相互冲撞的开始，是一场家庭间迫害与反迫害的较量。仲卿求母是第一次家庭冲突，刻画了焦母不近人情和焦仲卿软弱的性格。兰芝辞别一段，是家庭冲突的高潮阶段，反映了焦母的无情和兰芝的坚强。兰芝拒婚，是刘家第一次家庭冲突，围绕着兰芝与兄长的矛盾展开，突出了兰芝不为金钱所动，誓守婚约的高贵品质，也从侧面反映了刘兄见钱眼开的市侩本质。仲卿别母一段，是全诗进入悲剧的高峰，描写了焦母的顽固不化与仲卿对爱情专一的一面。

❖ 孔雀东南飞

《孔雀东南飞》中的两个主人公誓死捍卫爱情的举动历来被文人墨客所称赞，特别是对女主人公敢于向迂腐封建思想挑战的描写，真实地反映了古代青年男女的心声，是文学史上的一次进步。

■ Part3 第三章

存世最完整的一部农书

《齐民要术》是北魏时期中国著名的农学家贾思勰撰写的一部综合性农书，是世界上最早的专著之一。

《齐民要术》是现存最完整的一部农书，"齐民"指平民、农民；"要术"指谋生方法。据推测，《齐民要术》的完成时间是北魏末年，主要叙述的是黄河中下游即中原地区农牧业生产、食品加工、农产品利用等技能，对中国古代农业发展起到了指导性作用。

知识小链接

《齐民要术》除了指导农业生产外，还有 1/4 的篇幅是讲饮食和烹饪的，包括做酱、蒸盐、造醋，做乳酪、菜肴、点心，列举的菜品、食品种类达 300 多种，堪称古代烹饪百科全书。

东汉后 200 年间，华夏大地战火纷纷，百姓生活在水深火热之中，农业生产更是遭到极大破坏。魏晋时期，聪明的中原人在耕作中发明了"人"字耙和无齿耙，形成较为先进的"耕—耙—磨"的生产模式。

后来的统治者励精图治，开始大力发展农业生产，《齐民要术》就是在这种背景下写成的。贾思勰为官期间，走访了山东、河北、河南等众多地区。每到一处，都详细了解当地的农业生产和技术应用，并亲自从事实践，他饲养牲畜，栽种粮食，积累了丰富的农业生产技术。而且他不以自己的官职身份自居，常常深入田间向经验丰富的农民学习，总结出宝贵的经验，为自己著书立说奠定了扎实的基础。最初的书籍是以手抄本的形式在民间流传的，书中详细记录了农业生产的相关知识，也对商贾为了图利漠视民生进行了抨击。

《齐民要术》出版后，受到中国历朝统治者的重视，并成为指导农业生产的工具书。《齐民要术》也曾被翻译成外文传到海外，被当作研究古代物种进化的科普书。据传，达尔文在研究物种进化论时曾经参考过一本来自中国古代的"百科全书"，根据推测，此书很可能就是《齐民要术》。

❖《稻子》

❖《农业产物》

■ Part3 第三章

中国第一部断代史书

《汉书》是我国历史上一部非常重要的史学著作，是中国历史上第一部断代史书，作者是东汉历史学家班固。

《汉书》，主要记载了自西汉汉高祖元年（公元前206年）至王莽地皇四年（公元23年）这230年间的历史事件。在撰写《汉书》时，班固借鉴了《史记》的资料，更补充完善了不少历史资料，为延续历史的完整性做出了贡献，比如在《萧何传》中补充了"项羽负约，封沛公于巴蜀为汉王"的重要历史资料。

知识小链接

班固还有个兄弟，名叫班超，他们二人一文一武，一个是史学家、文学家，一个是军事家、外交家；一个以卓越的文采留下了"洛阳纸贵"的典故，一个以豪气干云的气魄留下了"投笔从戎"的血性传奇。班固死后，他的妹妹班昭替兄长完成了《汉书》。

❖ 司马迁

《汉书》的史料丰富翔实，书中记录的时代与《史记》部分内容重合，比如汉武帝中期之前的西汉历史上的重大事件，两书都有记载。所以《汉书》在记叙这部分时，大多尊重《史记》内容，但限于作者对历史的见解和后人对历史的评价不同，班固在引用时也有部分做了删改。

在叙事手法上，班固力求做到注重历史、尊重历史，只求做到系统、完备，什么事情都要做到有始有终、记叙明白，这为后人了解、研究西汉历史提供了很大方便。时至今日，人们在研究西汉历史时，还会以《汉书》作为重要参考资料。

虽然《汉书》和《史记》都是纪传体形式的史书著作，但它们也存在很大的不同。《史记》开篇从"三皇五帝"的传说说起，一直到汉武帝中期结束，是一部通史。而《汉书》则专注于记述西汉一朝历史，是一部断代史。班固首开这种断代体模式，也是对我国史学的一大贡献。

❖ 《汉书》

❖ 司马迁

Part3 第三章

中国第一部长篇章回体小说

《三国演义》是我国四大名著之一，在中国文学史上有举足轻重的地位，为后人了解三国时期的政治、文化、军事情况提供了帮助。

三国时期的历史故事自古就在我国民间广为流传，宋元时期甚至搬上戏曲舞台，剧目最多时达 30 余种。三国历史故事在民间流传的多是片段故事，或某个人，或某件事，不具有连贯性。后来经过说书人的艺术加工，故事渐渐变得丰满起来，人物性格也逐渐清晰。经过各个时期不断地完善，最后由罗贯中进行汇总加工，最终成为我国第一部长篇章回体小说。

知识小链接

"演义"是一种小说体裁，由北宋时期的讲史话本演变而来。讲史即现代的说书人，他们往往根据一些真实存在的历史，经过艺术创作后变成一部内容跌宕起伏的小说。除了《三国演义》，还有《隋唐演义》《封神演义》等。

《三国演义》以三国时期魏、蜀、吴三个政权的战争为主线，分为黄巾起义、董卓乱政、群雄逐鹿、三国鼎立、三国归晋五个部分。在社会纷乱的背景下，上演了一幕幕荡气回肠的英雄史诗。在本书 500 多个人物中，塑造了众多个性鲜明的人物，尤其是曹操、刘备、孙

◆《三国演义》

权、诸葛亮、关羽、张飞、吕布等英雄形象在人们心中留下了深刻的印象。

诸葛亮是人们心中智慧的化身，又是忠臣的代表，他"鞠躬尽瘁，死而后已"，成为人们心中"贤相"的标准。书中对诸葛亮进行了大幅度的描写，特别是他具有经世济民之才，又有神机妙算的能耐，成为三国重要人物的代表。因为历史原因和个人见解不同，曹操被塑造成一位"宁教我负天下人，不教天下人负我"的奸雄形象，在书中曹操既有经天纬地之才，又有残暴奸诈的一面。而关羽则被塑造成"威猛刚强""义重于天"的英雄，集"仁、义、礼、信、忠"的传统儒家文化于一身，关羽也成为后世顶礼膜拜的"关老爷"。但是由于历史原因和封建传统制约，书中的人物和历史上的真实人物还是有差异的。

《三国演义》对三国期间的战争描写也极为出彩，特别是在官渡之战、赤壁之战等战役的描写上，构思精巧，错落有致，将复杂的战争场面描写得波澜壮阔，跌宕起伏，让人读来爱不释手。

❖ 《诸葛亮》

Part3 第三章

中国第一部诗歌总集

　　我国古代流传下来的《诗经》内容积极向上，思想丰富，收录了从西周到春秋期间的 311 篇诗歌，是儒家"五经"之一，堪称我国文学史上的一件瑰宝。

在先秦时期，《诗经》被称作《诗》，后经西汉文人的推广，《诗》的文学地位逐渐提高，被尊为儒家经典，然后更名为《诗经》并一直沿用到今天。

　　《诗经》共分三部分，分别为风、雅、颂。"风"指民风、土风、风谣，囊括了 15 个地域的民歌，所以又叫"十五国风"，收录 160 首各地民谣，为《诗经》的主体内容；"雅"指正声雅乐，下面又分"大雅"（31 篇）、"小雅"（74 篇）两部分；"颂"专指祭祀时的乐章，它下面又被分为"周颂""鲁颂""商颂"三部分，共收录诗歌 40 篇。

　　《诗经》中收录的诗歌都没有具体的年代，历史学家推断，"颂"和"雅"出现的年代应该较早，基本上都在西周时期，"风"大部分都应该出现在春秋前期和中期。从这些诗歌的性质来看，《雅》《颂》

知识小链接

　　北宋时期，辽国派来使者，以一句绝对"三光日月星"要北宋王朝应对。上句有"三"，后面是三件事物，下句不能用"三"，但还得有三件事物，极为难对。翰林学士苏东坡苦思冥想后对出了"四诗风雅颂"，原来"雅"分为"大雅"和"小雅"，两者又各不相同，辽国使者大为叹服。

大多数都是为了特定的目的而创作的，具有一定的政治性。《风》大多是民间创作的。

《诗经》收录的 311 篇诗歌中，有 6 篇情况特殊，只有标题没有内容，属于笙诗范畴。据考证，这些诗当初是配乐诗，应该有音乐和舞蹈相结合，在长期流传的过程中，乐谱和舞蹈失传了，仅诗歌流传了下来。

《诗经》有多种表现手法，分别为赋、比、兴，与风、雅、颂合称为"六义"。《诗经》在中国文化史上占有很重要的地位，它集思想性、艺术性于一体，开创了中国文化史的新高度。

Part3 第三章

中国最早的编年体史书

> 《春秋》是儒家学派的经书，记录了从鲁隐公开始至鲁哀公十四年的历史事件，是中国现存最早的编年体史书。

中国远古时期，春、秋两季是诸侯朝拜王室的时节，同时春、秋在古代就代表了一年四季。史书上反映的都是一年当中的国家大事，所以"春秋"也就成了史书的统称。而鲁国史书就沿用《春秋》作为书的正式名称。历史上多数人认为《春秋》是孔子参与撰写的，但也有人认为是鲁国史官集体创作而成。

知识小链接

民间有"孔子作《春秋》，乱臣贼子惧"的说法。原来春秋时期，诸侯间相互攻伐，为达目的全然不顾道义礼法。孔子有感于此，创作了《春秋》一书，以高尚的道德去感染企图作乱的奸佞之人。

可惜的是正本的《春秋》在秦朝时期已经失传，现在的版本是由后来《左氏传》《公羊传》《穀梁传》中的内容拼凑的。

事实上，《春秋》虽为鲁国的史书，但作用不仅仅限于鲁国历史的范围。如果细细品读可以发现，《春秋》用词遣句具有"字字针砭"的文风，所以被后人称作"春秋笔法"，日后的史学家们在著书立说时多有借鉴。《春

❖ 孔子

秋》记载的历史跨度有 240 多年，但现在所存的全文不过 16,000 余字。

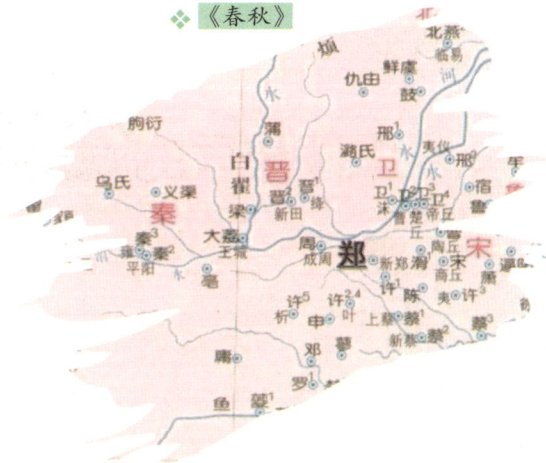

❖《春秋》

因为《春秋》所写都是粗线条，为了弥补和完善其中内容，后来又出现了以《春秋》为蓝本的《传》，也就是后来的《春秋公羊传》《春秋穀梁传》和《春秋左氏传》三种，它们并称为"春秋三传"。

《春秋》用简练的词句来描述事件，概括了 200 多年里各诸侯国之间重要的战争、盟会、灾害和礼俗。书中记载鲁国的年代正确，有关日食的记载与西方学者记录吻合的有 30 多次，这些足以证明《春秋》记录事件的真实性。

中国最早的建筑学专著

《营造法式》在北宋熙宁年间 (1068~1077) 开始编修，于元符三年 (1100 年) 最终成书，崇宁二年（1103 年）正式刊印，是我国最早的有关建筑的著作。

《营造法式》的编修者是李诫，他在前人《木经》的基础上进行完善补充，完成了北宋官方颁布的一部建筑学工具书，这是我国现存最完整的一部建筑技术书籍，它反映了我国古代在建筑史上的辉煌成就。它的出现与王安石变法有关。王安石变法期间，为了防止官员贪污腐败，杜绝官员在营造时假公济私，于是制定了一系列控制财政、经济的法规，《营造法式》就是其中之一。

❖ 李诫

知识小链接

李诫是位杰出的建筑学家、土木工程师，同时还是位出色的书画大家，宋徽宗赵佶十分欣赏李诫的书画。可惜中国传统文化向来不重视能工巧匠和科学家，李诫没能引起史学家的重视，未被列入《宋史》，以至于后人大多不知道这位科学家。

我们可以在《营造法式》这本书中发现其有几大特点：一是制定和采用模数制，详细对建筑材料的类型、尺寸进行了细分和统一。比如"材"高度15"分"、厚10"分"；两层斗拱间的距离为6"分"，称为"契"。凡大木做的部件都以

"材""分""契"来确定。这也是中国历史上第一次有明确模数制的建筑专著。二是设计的灵活性。各种制度虽然看似章法很严格，却并没有用死规定来限定建筑布局和建筑尺寸，各种条文下附有可灵活增减的文字批注，因此施工人员可在建造时根据布局对各部件的大小进行自由发挥。三是总结了技术经验。在文中，作者根据以往的设计经验，对构架的结构、角度、砖瓦的配料和烧制都做了详细的说明。四是对装饰和结构进行了统一。书中对石作、砖作、小木作、彩画的样式做了详细的说明，特别是对在官办建筑中使用的柱、梁、斗拱等构件的加工工艺、大小配件做了规定，为我国古典建筑风格的统一发挥了不可替代的作用。

■ Part3 第三章

中国最大的**百科全书**

我国明朝永乐年间所著的《永乐大典》是中国著名的古代典籍，也是到目前为止世界上最大的百科全书。

《**永**乐大典》最初的名称为《文献大成》，是百科全书式的文献典集。全书目录分为 60 卷，正文 22,877 卷，共分 11,095 册，全书约为 3.7 亿字。《永乐大典》汇集了当时古今七八千种图书，但可惜的是，在随后的历史变迁中，多半毁于战火，我们今天看到的不到 800 卷。

《永乐大典》的出现，改写了中国古代典籍的历史，它的规模远远超过历史上任何时期的同类书，为后世留下了宝贵的历史资料，但同时也留下许多不解之谜。该书编撰于明朝永乐年间，收录了中国 14 世纪以前所有的历史、地理、文学、艺术、哲学、宗教等众多内容，它比法国狄德罗编纂的百科全书和英国

❖ 宫殿

的《大英百科全书》还要早 300 多年，堪称世界文化遗产中的珍品。清朝乾隆时期编撰的《四库全书》就以规模庞大而著称，但《四库全书》收录图书不过 3000 种，而《永乐大典》收录各种图书多达 8000 余种，可见这个工程之浩大。

《永乐大典》的封皮为多层宣纸硬裱，表面覆盖一层黄绢，既庄重又大气。封面左上方粘有竖长方形的书签，用工整有力的楷体书写"永乐大典"四个汉字，字下方又有小字，用来说明这册书的卷数。封面右上角有个框，上面

有文字说明该册书所属哪个韵目，并注明是该韵目的第几册。查阅者只要配《洪武正韵》的索引，就能按图索骥，在 10,000 多册大典中找到自己需要的书籍。

❖ 永乐壁画

中国第一部军事著作

《孙子兵法》既是我国第一部兵书，也是世界上第一部军事著作，现在西方一些军校仍将《孙子兵法》作为辅助教材。

《孙子兵法》又称《孙武兵法》《吴孙子兵法》《孙子兵书》《孙武兵书》等。它和克劳塞维茨的《战争论》、宫本武藏的《五轮书》，并称为世界三大兵书。该书内容博大精深，逻辑严谨，是中国古代军事家留给后人的重要军事文化遗产。

关于该书的作者，历史上没有给后

知识小链接

正所谓"越是深奥的就越是简单的"，《孙子兵法》并不是多么高深莫测的理论，它只讲大道理，讲万物变化的规律和各种因素对战争的影响，并没有举实例加以证明。它需要阅读者自己从中感悟，感触越深，就越能体会到其博大精深。

❖ 石马

人留下答案。有的说是春秋时期的孙武所著；也有人认为是战国时期的军事家孙膑所著；还有的人认为是战国时期一位在深山隐居的高人所写；甚至有人认为是三国时期曹操编写的。直至1972年，山东临沂银雀山两座汉代墓葬同时出土了一件写在竹简上的《孙膑兵法》，这一历史谜案才被解开，《孙子兵法》的

孙武

作者是春秋吴国的孙武无疑。

孙武（公元前535年～公元前480年），字长卿，春秋时期吴国将领，我国历史上著名的军事家、政治家。曾亲自率军大破楚国国都郢城，差点使楚国灭亡。被后人尊为"兵圣""世界兵学鼻祖"。

《孙子兵法》重视传统儒家思想，具有明显的齐文化特点。齐文化伦理思想在两个方面表现很突出：一是讲传统"仁""礼"，但两者又不占主要位置；另一方面是重功利。这些思想和齐文化的代表《管子》一书不谋而合。

《孙子兵法》在西方很受重视，美国著名军事管理学校——西点军校和哈佛商学院都开设专门的研究课程。日本著名企业家松下幸之助、本田宗一郎、盛田昭夫、井深大等名流也将之用于企业管理，更是通用汽车、软银等著名企业备战商场的实战手册。

战争场景

■ Part3 第三章

中国传世最早的山水画

故宫博物院里有一幅特别的山水画，说它特别是因为它是我国现存最早的一幅以山水为题材的国画，它就是《游春图》。

《游春图》的作者是北齐至隋朝年间的大画家展子虔，他擅长山水人物画，而这幅《游春图》也是他留传下来的唯一作品，上有宋徽宗的亲笔题跋。

知识小链接

公元 550 年，原东魏权臣高欢的儿子、高澄的弟弟高洋废掉东魏傀儡皇帝，自立为帝，建立"齐"政权，为了区别江南的萧道成建立的"齐"，后世称为"北齐"。

该画卷长 80.5 厘米，宽 43 厘米。描绘的是江南二月期间，桃花盛开时节人们争相踏春的情景。整幅作品以自然景色为主，画卷中远处青山耸立、江水奔流，近处花团锦簇、湖光山色，少许人物和建筑点缀其中，构成一幅意境悠长的画作。作者笔法流利精巧，在润色和用笔上极为老到，线条粗细有致，色彩变化自然，烘托出春意盎然的景色。

《游春图》的出现，结束了我国长久以来注重"人大于山和水不容泛、树木若伸臂布指"的幼稚阶段，使山水画技法进入一个新的高度。

❖《游春图》

Part.03 第三

中国最早的卷轴画

中国的国画多以卷轴画为主，一来装裱后样式大方，二来方便保管储藏。我国晋朝时期的作品《女史箴图》被公认为中国最早的卷轴画。

《女史箴图》是晋朝著名画家顾恺之的作品，此画绘制于东晋时期。公元290年，晋武帝司马炎驾崩，皇帝宝座交给了他儿子司马衷。司马衷是中国历史上有名的无能皇帝，此人非但无能而且十分昏庸。由于司马炎在位期间无心管教，致使司马衷从小养成骄奢淫逸的性格，长大成人之后斗大的字不认得几个，吃喝玩乐倒是很有一套。新皇帝不务正业，皇室大权旁落到皇后贾氏手中。贾后本名贾南风，其父贾充。贾南风因容貌丑陋、心狠手辣而成为中国历史上有名的毒妇。

知识小链接

贾南风的父亲贾充和晋帝司马炎关系很好，两人为了政治需要结为儿女亲家。有一年天下大旱，百姓苦不堪言，有大臣向昏庸无能的司马衷上奏："天下百姓苦矣，无米可吃。"昏庸的皇帝纳闷地反问："既然无米，为何不喝肉汤？"

◆《女史箴图》

因皇后擅断专权，招致朝中众大臣的不满，朝中重臣张华便命人收集历史上各个时期有名的贤德女子的事迹，写成《女史箴》献给皇上，期望能起到劝诫和警示的作用。当时著名的画家顾恺之根据《女史箴》中各章人物事迹分别绘制了配画，用生动的图案来诠释原书的内容。虽然张华的本意是想用《女史箴》来劝诫皇帝，不想间接成就了顾恺之很多后人只知道《女史箴图》，却不熟悉《女史箴》，可见《女史箴图》得到了更多的名气，但这跟顾恺之过人的绘画技能是分不开的。

❖ 《女史箴图》

　　但是《女史箴图》的原作已经消失在历史的长河中，流传后世的是唐代摹本。1900 年八国联军进犯北京时，这副珍贵的藏品被英军基勇松劫掠到英国，现保存于英国大英博物馆。

❖ 《女史箴图》

Part3 第三章

中国最早的**卡通**

说起卡通，大家一定都不陌生，现在的孩子都是看着卡通长大的。也许大家都会认为卡通是由美国或日本发明的，的确，这两个国家创作了大量有名的卡通片，但是中国才是最早发明卡通这一艺术形式的国家。

皮影戏是我国一种传统的表演艺术形式，它集光、影、表演、造型、配乐、唱腔于一体，生动活泼，深受各个年龄层观众的喜爱，堪称中国艺术界的瑰宝。现代电影、电视、卡通等艺术形式都源于皮影戏，所以它被誉为"电影始祖""最早的卡通"。

知识小链接

皮影戏的人物造型和戏剧中的人物很相似，道具是由牛皮、驴皮雕刻而成，经过上色、涂漆、缝缀等几十道工序后制成。皮影的脸谱制作工艺十分精细，甚至能表现出人物的眼睫毛和胡须。

演出皮影戏的角色是用兽皮或纸板做成的剪影，依靠隔亮布后面的灯光照射，投射出剧中各种角色的形象，是我国民间几种傀儡戏之一。表演时，艺人们站在白布后面，一边用双手演绎戏曲人物，一边用当地的曲调演唱剧中故事，两边有专人配以打击乐器。

皮影戏的出现可追溯到 2000 年前的西汉，它发源于陕西地区，后来流传到山西、河南一带并逐步演变壮大，形成一套完整的表演形式。清朝时期，皮影戏在河北地区红极一时，又被称作羊皮戏、人头戏、影子戏等。

◆ 皮影戏

Part3 第三章

中国最大规模的陶俑群

提起兵马俑，大家一定都不陌生，即使没有亲眼见到大量兵马俑群，无法直接体会其给人的视觉冲击，但也会从各种媒体上见过关于它的报道。

在离陕西省西安市30多千米的临潼县有座骊山，闻名海内外的秦始皇陵就坐落在骊山脚下。据历史资料记载，嬴政13岁即位，在他即位之初就开始命人营建陵园。这位千古一帝的陵园规模浩大，由丞相李斯亲自督办，大将章邯负责监造，先后共用了38年时间才正式完工。

中国古代曾实行过惨无人道的殉葬制度：帝王将相死后，必须有人给死者陪葬。春秋时期，越来越多的有志之士抨击这种制度，诸侯国渐渐废掉了殉葬制度，开始以陶俑、假人替代真人殉葬。

❖ 兵马俑

皇陵以东1.5千米处就是赫赫有名的秦兵马俑坑，它是秦始皇嬴政的陪葬坑。坑体坐西向东，共有3座，呈"品"字形排列。最先被人们发现的是一号坑，面积大约14,260平方米，长230米，宽62米，深5米，呈长方形结构。俑坑四周有数个斜坡门道，左右两侧各有一个俑坑。

1974年3月，临潼县一位农民在劳作时意外发现了秦始皇兵马俑。他立即报告了当地政府，随后考古工作者赶到现场进行了挖掘，随着挖掘工作的进行，人们被眼前的景象惊呆了，一个规模浩大的陶俑群就此重见天日。1975 年，国家在俑坑原址上建立了兵马俑博物馆。1979 年 10 月 1 日，秦始皇兵马俑正式对国内外观众展出。

❖ 兵马俑

2009 年 6 月 13 日，考古工作者在兵马俑一号坑的基础上再次挖掘，这次考古工作者又有了新的收获，在一号坑北部出土了彩色的兵马俑，一改以往兵马俑给人的灰色印象。

兵马俑的发现，使全世界为之震惊。1987 年，秦始皇兵马俑被联合国教科文组织批准列入《世界遗产名录》。秦俑被誉为"二十世纪最大发现""世界第八大奇迹"。

❖ 兵马俑

■ **Part3** 第三章

中国最大的**石刻佛像**

四川省乐山市凌云山有一座巨大的石刻佛像，它依山而凿，前后花了90年时间才完成，它就是乐山大佛。

乐山大佛又称凌云大佛，地处岷江、青衣江和大渡河三江汇流处的凌云山上，与乐山城区隔江相望。雕刻的大佛为弥勒佛坐像，高71米，是我国现存最大的摩崖石刻像。

大佛开凿于唐朝开元元年（公元713年），于贞元十九年（公元803年）完成，历时90年。大佛两侧断崖和登山道上，有许多石龛造像，大多是创作于唐朝时期的作品。相传乐山大佛是贵州名僧海通和尚用遍游大江南北募捐得到的善款修建的，但是，由于雕刻时间过长，和尚没有看到大佛完成就圆寂了。后来这座大佛由四川节度使韦皋负责督造完工。乐山大佛通高71米，头高14.7米，头宽10米，发髻1051个，耳长6.7米，鼻和眉长5.6米，嘴巴和眼长3.3米，颈高3米，肩宽24米，手指长8.3米，从膝盖到脚背长28米，脚背宽9米，脚面可围坐百人以上。有人曾站在佛像

知识小链接

乐山位于青衣江、大渡河和岷江三江汇聚地，这里水势凶猛，舟船难渡，尤其是夏季，洪水来临时，常常造成船毁人亡的惨剧。海通和尚修建乐山大佛是为了抑制江涛，镇压兴风作浪的邪魔，以保护过往船只。

❖ 乐山大佛

前比较，一般人的高度还没有大佛的一个脚趾高。

乐山大佛内部有一套完整的排水系统，但从外面却看不到，这套排水系统为保护大佛起到了巨大的作用。大佛头部有18层螺髻，其中第4层、第9层、第18层都有一条横向

❖ 乐山大佛

的排水沟。这些排水沟用特殊的建筑手法加以修饰，所以从外部看不到痕迹。此外，衣领和衣服的皱褶、胸部、右臂、两耳、后背都有特殊的排水沟，这些排水沟既有排水的作用，也有隔湿通风的作用，很大程度上防止了大佛被风化侵蚀。大佛能屹立上千年而不倒，这些排水沟发挥了重大作用，由此也可看出中国古代的工匠们多么有智慧。

❖ 乐山大佛

伟大的中国之最

中国最大最完整的编钟

中国文化源远流长，在几千年前的奴隶社会，就有乐师这个职业了。但是当时的乐器还很单调，且相当笨重，编钟就是其中一个代表性的乐器。

我国自古就重视礼乐，当然，礼乐常常被统治者们当作维护自身政治地位的工具。儒家思想的创始人孔子当初就试图恢复西周的礼乐制度，说明音乐文化在当时已经很重要了。1978年，湖北随州市发现了一座战国时期的

知识小链接

据郭沫若考证，曾国和随国一样，都是姬姓封国，以此推断曾侯乙应该姓姬，不仅是一位熟悉音律的青年，一位兴趣广泛的艺术家，还是一位熟谙车战的军事家。

曾侯乙墓葬，考古人员在其中发现了一组完整的编钟，轰动了世界，这组编钟也被誉为"音乐史上的奇迹"。

◆ 编钟

曾侯乙编钟是现今世界上最完整的编钟。一套编钟共分 65 件，其中钮钟 19 件，甬钟 45 件，外加楚惠王赠送的一件钟，总重 2500 多千克。其中最大的一件高 153.4 厘米，重 203.6 千克。整套编钟悬挂在一个大型钟架上，钟架长 7.48 米，高 2.65 米。钟列在钟架上分上、中、下三层。上层钟 19 件，中、下层钟是编钟的主体部份，分为三组，第一组为"琥钟"，由 11 件长乳甬钟组成；第二组为"赢司钟"，由 12 件短乳甬钟组成；第三组为"揭钟"，由 23 件长乳甬钟组成。每件甬钟上

都铸有粗犷的条纹和精美的铭文作装饰。据考古专家推测，铭文的内容应该涉及墓主人曾侯乙。

曾侯乙编钟是世界上目前发现的音律最全、最庞大的一套编钟，它音色优美，音域宽广，音色涵盖倍低音、低音、中音、高音 4 个区。中心音的 3 个八度构成了完整的 12 个半音，它不但可以和着这套编钟演奏五声、六声、七声音阶的乐曲，更可以演绎古人演奏时采用的和声、复调和转调等乐曲。

考古学家研究认定，曾侯乙下葬的年份是公元前 433 年。那么这套编钟已经在地下沉睡了 2400 百多年。2000 多年前的古人，不但能制作出这么精美的乐器，而且能熟练演奏出优美的曲目，说明古代中国人就已经掌握了高超的音乐水平和青铜器铸造技术。曾侯乙编钟是我国古代艺术的体现，更是中国古人智慧的结晶，是中国乃至世界音乐史上的奇迹。

❖ 编钟

中国第一把剑

内蒙古鄂尔多斯市给人的印象是煤多、羊多，但你一定想不到，这里也曾出土过一件异常珍贵的文物，那就是迄今为止最早的青铜剑。

这把剑在内蒙古自治区伊金霍洛旗朱开沟被发现，所以根据它出土的地点和材质把它称作"鄂尔多斯直柄匕首式青铜短剑"。青铜剑长25.4厘米，剑身锻造成柳叶状，剑中央每面有一道凹槽，柄部细细地缠绕着麻绳，柄的末端有环形装饰，柄与剑身的链接处有凸齿状的装饰，剑身向下斜凸成锋。

> **知识小链接**
>
> 为什么历史上先有青铜器，后有铁器？原来黄铜的熔点是934℃，而铁的熔点是1535℃。古人在冶炼矿石时，炉火温度很容易达到1000℃，此时会有铜液流出。随着冶炼技术的提高，炉火温度才能达到1700℃，这时才有铁水流出。

据专家推断，该铜剑大约在公元前15世纪商朝早期制成，比中原发现的最早青铜剑早了300多年。

据随后的考察研究发现，朱开沟遗址距今已经有3500～4200年的历史，就目前中国掌握的文物或资料来看，这是我国发现的最早的青铜剑，并且没有比这把青铜剑更早的剑器了，它堪称剑器的鼻祖、"中华第一剑"。虽然在它之前，考古工作者曾在代表夏文化的河南偃师地区发现过青铜戈、青铜刀等武器，但还没有发现过这么早的青铜剑。

❖ 中国第一把剑

第四章

才智精华
——科技之最

中国的科学技术曾经一度领先于世界，中国人的冶炼技术、纺织技术、农业技术都曾领先于欧洲几个世纪或更长，下面就让我们再认识一下那段辉煌的历史吧。

Part4 第四章

中国最早的机器人

机器人给人的印象是一身铁皮，内部布满了密密麻麻的电线。你能想到吗，中国西周时期就曾有过"机器人"，而这个"机器人"比现在的还要精巧。

根据《列子·汤问》记载，这个机器人要追溯到 3000 年以前的西周。有一天，周穆王在出巡回宫时遇到一个神秘的工匠——偃师，偃师自称能制造一件东西，它能歌善舞，会令大王喜欢。周穆王命他快快将宝贝献出来，只见偃师不慌不忙取出一个人形机器，果然如偃师所说，它能唱能跳，让周穆王大开眼界。书中记载这个机器人设计极为巧妙，不仅会表演各种动作，而且据说还有自己的意志。在给大王表演时，这个机器人居然抛媚眼挑逗周穆王的妃子，结果周穆王大为光火，一口咬定这个机器人是真人所扮来欺骗自己，下令要将偃师处斩。偃师急忙解释这是机器，并把它当场——拆开，只见偃师从机器人身上拆下皮革、木头、黑炭、白土等材料，周穆王这才信以为真。令周穆王惊奇的是，眼前这个玩偶虽说是个机器，但五脏六腑

知识小链接

无论是偃师的木偶人还是诸葛亮的木牛流马，或者鲁班制作的竹鸟，都是古人心目中的机器人，以现在的眼光看，这种机器人显然是不可能存在的。

❖ 机器人

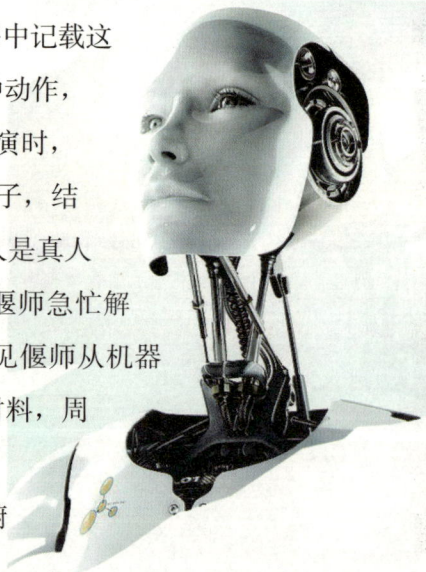

❖ 机器人

一应俱全，令人难以置信。看到偃师有如此的能耐，周穆王非常高兴，把他留在身边任职。

现代机器人是 1927 年出现在世人面前的。1927 年世界博览会上，美国西屋公司展示了一个机器人，但这个机器人不能走动。第一个能自由活动的机器人是在 1959 年出现的，从这之后，各个国家纷纷开始了机器人的研制工作。

我国的机器人研究始于 1986 年，属于国家"863 计划"的一部分。我国计划制造出智能机器人，用来替代人类到危险的地方去工作。

Part4 第四章

中国造纸术

造纸术是中国古代四大发明之一，为推动世界文明发挥了不可估量的作用。那么我国什么时候开始有造纸术的呢？

提起中国的造纸术，大多数人会认为是中国汉代的蔡伦发明的。但确切地说，蔡伦只是改进了造纸术。其实早在蔡伦之前，就已经出现了一种原始的纸张，这种纸张是一种纤维薄片。

知识小链接

不管造纸术是谁发明的，都是中国人民的伟大创造，是对世界文明的伟大贡献。

我国古代养蚕缫丝技术已经非常成熟，所以一些缫丝工匠在把蚕茧的丝抽出来后，会剩下大量的恶茧和病茧。工匠们不舍得丢弃这些废茧，于是便采用漂絮法抽出能够再利用的蚕丝。蚕茧经漂絮后，一些残絮会留在篾席上，这样经过多次漂絮工艺之后，残絮堆积在一起就形成一层纤维薄片。把这些薄片晾干之后，一张天然的纸张就形成了，这种技术便是造纸术的前身。

到了公元 105 年，蔡伦在这种造纸术的基础上改良了工艺，并将纸浆原料由昂贵的蚕茧改为树皮、麻头、旧渔网等原料。经过几道工序之后，质地细薄的纸张就出现在篾席上，等纸张晾干剥离之后，就形成了能够用来书写的纸张。在汉代，人们把这种纸尊称为"蔡侯纸"，以纪念蔡伦做出的贡献。由于蔡伦为改进造纸术技术做出了贡献，使纸张可以大量生产，因此后人便公认造纸术是蔡伦发明的。

中国最早的**印刷术**

说完造纸术，我们再来谈谈与之关系密切的印刷术。

大家一定对毕昇发明的活字印刷术不陌生，因为它同样是我国古代四大发明之一，为推动人类文明起步起到了重大促进作用。在毕昇发明活字印刷术之前，书籍都是采用手抄的形式制作的。手抄书存在诸多的弊病，比如费时、费力、容易出现错误，最大的缺点就是不能制作出大量成品，阻碍了文化的快速传播。印章的出现可以看作是印刷术的前身，文字刻在一方石印上，沾上油墨就能在纸上印出文字；随后，文人在石碑上墨拓书法的过程又为雕版印刷提供了思路。

在世界上聪明的中国古人最先懂得了印刷术，所以中国文明曾经一度领先于其他国家。古代中国人不仅懂得雕版印刷术，还掌握了活字印刷术、短版印刷术和孔版印刷术等多种印刷技术。据考古学家推断，早在中国隋唐时期，印刷工匠们就已经掌握了雕版印刷技术。现存于韩国的一本汉文《陀罗尼经》被证明是中国唐玄宗

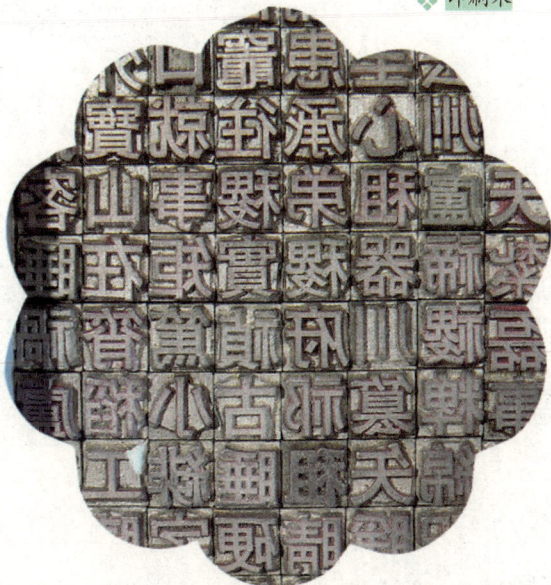
❖ 印刷术

时期（公元 712 年～755 年）的作品；在英国大英博物馆也有一本印有准确年代的《金刚经》，是唐朝咸通九年（公元 868 年）的作品。可见早在唐朝时期，中国人就已经掌握了雕版印刷术。

相对于活字印刷术，雕版印刷工艺还是非常复杂的。首先得挑选梨木、枣木等硬质木材作为制版的材料，然后把刻制的内容写在纸上反贴在木板上，再用刀雕刻出反向的文字。雕版制作完成后，先在刻有文字的一面均匀刷上油墨，然后用白纸覆在上面，再用毛刷刷均匀，这样一页就印好了，等全部书页晾干后装订成册，一本书就制作完成了。

❖ 印刷术

中国最早的**指南针**

指南针因为带了磁性，所以它的两头带了不同的磁极。地球是个巨大的磁场，由于同性相斥、异性相吸的原理，指南针的指针总是指向南方。

指南针也被称作指北针，不管哪种称呼方法，它的指针总是南北朝向。学过物理的人一定知道，具有磁性的一头是S极，另一头是N极。现代科学技术利用磁性原理发明了很多方便生活的产品，如悬浮列车。

中国的古人非常有智慧，早在春秋战国时期，出行的人就已经学会用磁石指南。一直到西汉期间，真正的指南工具才得到进一步完善。西汉时，有

> **知识小链接**
>
> 针对磁石指南这一现象，北宋著名科学家沈括第一次提出了磁偏角的存在，他认为指南针并不是指向正南正北方向，而是有稍微的偏差。

❖ 指南针

❖ 指南针

心人将笨拙的长条磁石打磨成一个勺状的物件，勺柄相当于指针，勺底是一个简单的旋转装置。当人们把这个勺状指南针放在光滑的平板上，依靠自然的力量，勺柄就会稳稳地指向南方，勺口则指向北方。

由于汉朝自武帝时就"独尊儒术"，所以有人把《易经》中八卦、十二时辰都雕刻在底盘上，这就是早期指南器——司南。司南除了可以指明方向以外，还可以当作一件精美的艺术品。

司南之所以能正确指明方向，底盘的作用是不可小视的。最初的司南还没有配备标准的方位盘，在使用上还是不太方便。随着之后不断的改进，出现了勺盘一体的司南。这种司南的方位盘上有二十四向，方向盘更改为圆型盘。人们在使用时，只要看一下勺柄指的刻度，就能准确判断出方向。

❖ 指南针

中国最早的**火药**

火药的用途很广大，除了可以用作武器弹药之外，还可以制成节日里燃放的烟花爆竹、开山辟路的炸药包，等等。

中国制造火药的历史可追溯到隋末唐初。由于皇室乃是李姓，与道教始祖老子为同姓同宗，所以道教很受李唐家庭器重。道教在唐朝得到空前的发展，全国各地大建道观，道士纷纷涌现。皇帝没有一个不想长享荣华富贵的，于是这些道士们就投其所好，研究炼丹技术。仙丹只是人们幻想的一种长生不老之药，是炼制不出来的。但也是无心

> **知识小链接**
>
> 世上根本没有所谓的长生不老药，那些妄想长生的帝王们耗尽一生也没有找到这种药物。唐太宗李世民是位有道明君，他从不相信长生之说，可惜到了晚年也开始迷恋长生药。他服用了大量药丸后，原本强健的身体很快衰老，出现了中毒症状。

插柳，道士们在炼丹过程中发明了火药。公元 682 年，医圣孙思邈首次发明了火药，这种火药是硫黄、硝石，配以皂角子研制成的一种黑色药粉。

公元 808 年，炼丹家又采用"火矾法"研制出药力更猛的火药。他们把传统的皂角子换成马兜铃。不过可悲的是，这种火药

❀ 火药

变作丹药反而害死了唐朝的一个皇帝——唐宪宗。早期的炼丹家们并不重视"安全生产"，因为他们没有掌握科学的材料配比比例。这些炼丹家在配药过程中常常发生火药爆炸的情况，轻则受皮外伤，重则丢了性命。后来经过几代人的反复试验，人们才掌握了科学稳定的火药材料配方。从此以后，火药才真正走进人们的生产生活中。随后不仅发明了增添喜庆的爆竹，而且还将火药用于采矿等行业，极大地提高了劳动生产力。

Part4 第四章

最早可以**记录里程**的**车辆**

现在我们乘坐汽车时，方向盘前方都有一个记录车辆行驶里程的装置，可以让人方便地知道汽车行驶的里程数，那么最早可以记录车辆行驶里程的车是什么时候发明的呢？

其实早在 1800 年前的汉代，科学家张衡就发明了一种可以记录车辆里程的车子，这种车叫"记里鼓车"。记里鼓车又叫"记里车""司里车"和"大章车"等。有关它的文字记录最早出现在《晋书·舆服志》中："记里鼓车，驾四。形制如司南。其中有木人执槌向鼓，行一里则打一槌。"记里鼓车分为上下两层结构，上层悬挂着一口钟，下层安有一架鼓。记里车上有一个木质人，它头戴帽冠，身穿衣服坐于车上。车子每行驶十里，木头人就会敲鼓一次，当敲鼓达到 10 次时，木头人又会击钟一次。

> **知识小链接**
>
> 记里鼓车的原理很简单，是通过测量车轮的直径，计算出车轮的周长，然后乘以转轮次数，得出里数。研究者认为，张衡的这一设计一定大量采用了齿轮交合结构，才能让假人定时击鼓。

❖车

　　记里鼓车看似巧妙，用途却很狭窄，从《宋书·礼志》《旧唐书·舆服志》《唐书·车服志》和《金史·仪卫志》等历史文献材料来看，记里鼓车是当时皇帝出行仪仗里不可缺少的器物，其他没有任何用途。另外这种装置比较笨重，使用极不方便，对百姓的生产生活起不到任何帮助。所以，随着历史的变迁，记里鼓车已经失传。到了元代，史书上已经不见记里鼓车的记载，明清以后更是不见它任何传闻。

❖ 记里鼓车

最早的**地震仪**

地震是常见的自然灾害，现代人们已经有了勘测地震发生的设备，在古代人们怎么知道哪里发生地震了呢？

公元 132 年，张衡发明的地动仪是中国历史上最早出现的地震仪，同时也是世界上最早的地震仪。地动仪是用精铜铸造而成，造型类似于古代的酒樽。地动仪中间有一根上粗下细的立柱，外围均匀排列着 8 条铜制的龙，龙首分别对应东、南、西、北、东南、东北、西南、西北八个方位。这 8 条铜龙铸造得惟妙惟肖，每条龙口里衔着一枚铜球。巧妙的是龙嘴是活动的，里面设有机关，正对着龙首的下面各有一只仰头张着嘴的蛤蟆。如果地动仪测到哪个方向有地震，龙首的机关就会启动，龙头自动张开嘴，铜球就会落到下面的蛤蟆嘴里，并且发出很大的响声。负责测量的人就知道哪个方向发生了地震。

据史料记载，公元 134

知识小链接

张衡很有才华，他的文章同样十分出色。在洛阳做官时，张衡不屑于官场的蝇营狗苟，毅然辞官而去，回到南阳家乡专心致志地投入科学研究，他还发明了浑天仪、测影土圭等。

❖ 地动仪

❖ 地动仪

年 12 月 13 日，负责管理地动仪的官员发现有一个龙首吐出了铜球，掉进了蛤蟆嘴里。但是身在京城的人们并没有感到一丝的晃动，人群中便开始有人议论这地动仪只是个摆设，发挥不了什么作用。可没过几天，陇西就有快马来报，说那里前几日发生了地震。地震区距离洛阳城有 5000 多米，地动仪能够准确地监测到，说明它的性能还是非常灵敏的。

张衡发明的地动仪是人类为了战胜自然而努力的结果，在人类与自然斗争的历史上写下了浓重的一笔。1880 年，欧洲也发明了功能相似的地震仪，可是它却比中国晚了 1700 多年。所以张衡发明的地动仪是世界上最早的地震仪。

❖ 汶川地震图

中国最早的**火车**

火车是我们日常生活中必不可少的交通工具之一，它具有速度快、运量大、相对安全等特点，特别是近年来迅速发展起来的高速铁路，让人们一日之间往返千里之遥成为非常容易的事。

那么我国是从什么时候有铁路的呢？清朝末期，由于清政府闭关锁国的错误政策，致使中国科学技术远远落后于西方国家。当欧洲发生工业革命的时候，我们还以人力、畜力为主要动力。1878 年，清朝洋务重臣李鸿章奉旨在河北唐山开办开平煤矿，随着煤炭

知识小链接

1869 年，一个英国人游历过开平后，指着大小十几个小煤窑说："这些煤矿若用西方的开采设备，经济效益不可估量。"工程师金达虽然受聘于清廷，却一直向英国领事馆传递消息，英国人对这个宝藏垂涎欲滴。

的增加，原有的畜力运输工具已经满足不了输出要求了，于是清政府决定修建一条铁路。

1881 年 6 月 9 日，中国自主铺设的第一条铁路——唐旭铁路终于完工了。也就是在这时，属于中国的第一辆蒸汽机车也出现在世人面前。这辆机车不是我们中国人研制的，而是清政府委托英国机械工程师金达按照当时西方一种成熟的机车型号仿造的。这辆蒸汽机车的出现，改写了我国运输史。这辆机车长 5.48 米，牵引力 100 吨，时速可

◆ 火车

火车

达每小时 5 千米。

也许你看到这些数字会嗤之以鼻,但在当时,这已经是比较先进的动力机械了。由于市场的需要,开平煤矿在 1882 年的煤炭产量陡然增长了 10 倍,由原来 3600 吨一下增至 3.8 万吨,仅靠骡马已经不能满足运输需求了,所以清政府才用重金请金达设计了这辆机车。不过可惜的是,这辆车运到中国后,仅试车一个星期就再没用过。在旧中国,老百姓过惯了安静的生活,蒸汽机车的出现打破了这种宁静。清政府就以"声音震动过大、扰乱清朝祖陵安静、损坏庄稼"等诸多借口为理由,停止了机车的运行。幸运的是,当时的北洋海军急需燃料补充,李鸿章于是上书请求开通机车,在这种情况下,清政府再次开通这条铁路,并正式投入运营。至第二次世界大战爆发前,该机车一直是开平煤矿的运输主力,日本侵华后,该机车在战争中遗失。

火车

Part4 第四章

中国最早的有轨电车

如果你到香港旅游，一定能在大街上见到一种特殊的电车。它下面铺有铁轨，开动起来伴随着阵阵的"叮当"声，所以香港人又称它为叮当车。你可不要小看了这种车，它可是中国最早的有轨电车。

清政府在第二次鸦片战争失败后，把香港割让给了英国。香港成为英国殖民地后，间接地成为中国接受西方事物最多的城市，这其中包括最早的有轨电车。香港第一条有轨电车是在1904年开始使用的，当时的香港北方富裕南部贫困，很多人都涌向北部去讨生

知识小链接

早在东汉时期，香港一带就有人居住；唐朝时，青山一带有唐朝驻军，保护往来商船。英国人在对华贸易中，越来越发现香港的重要性，第一次鸦片战争后，强迫清政府割让香港岛。

❖ 有轨电车

活，为了解决市民出行的难题，香港政府决定在北部地区兴建多条有轨电车轨道。随着西部金融和东部商业、娱乐业的崛起，电车轨道也随着人流的脚步铺设到了那里，并成为香港市民日常最主要的交通工具。其中有6条道路一直使用至今。

香港早期的有轨电车供电线路是安装在地下，这种设计给行人的人身安全造成隐患，后来出于安全的考

虑，才使用如今的空中集电杆供电的方式。

香港的有轨电车很有特色，因为它们大多是双层结构，通往上层的梯子很狭窄，而且车上的座椅也不是很舒服。但是很多人认为它是最经济的交通工具，因为在香港不论距离远近，乘坐一次有轨电车只需 2 元港币，小孩和老人只需 1 元港币。电车采用后门上，前门下的方式，后门安装有旋转门，只有乘客投下钱之后，才能从司机身旁下车。

❖ 有轨电车

到香港旅游，如果想一睹香港全貌的话，乘坐有轨电车是个不错的办法，现在香港的电车正好能绕全岛一周。坐上车子，一边耳朵听着"叮叮当当"的响声，一边欣赏着香港的风情，是多么惬意的一件事啊。

❖ 有轨电车

Part4 第四章

最古老的计算工具

说到中国的算盘，大家都不陌生，以前的会计在算账时，都会拨动着算珠发出"吧嗒吧嗒"的声音。你如果认为算盘就是我国最早的计算工具，那就大错特错了。

中国有一种最早的计算工具，叫算筹，算盘在它的面前只能算是后辈了。算筹出现在我国春秋时期，虽然当时战乱不断，但经济得到快速发展。在各项管理中，都需要用到记账，用原始的记账方法已经无法满足当时的社会需要，算

▼ 算筹

筹就是在这个时代背景下应运而生的。鉴于现在没有实物作参考，考古界人士只能通过历史资料描绘出算筹大致的样子：周代时，算筹是用剥了皮的普通树枝做成的；秦汉时期，算筹制作更加考究，官家采用了象牙、金属、玉石等材料，社会上则一般用竹子和兽骨做算筹。算筹一般长 12.6 ～ 13.8 厘米，直径 0.2 ～ 0.3 厘米，每 300 根扎为一束放在一种特制的袋子里备用。

中国是最早使用十进制的国家，算筹就是应用了这一原理。算筹在计数时分横、纵两种表示方法。使用横式计数法

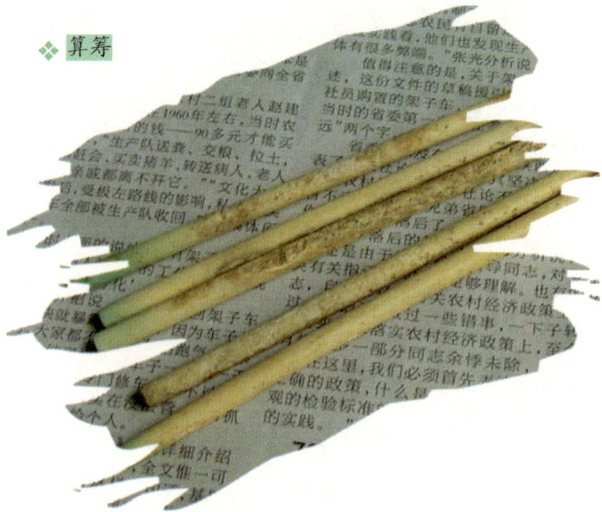

❖ 算筹

时，横代表1，竖代表5；当使用纵式时，竖为1，横为5。为了防止错位现象发生，在计数时还配合间隔摆位法，即个位用纵式，十位用横式，百位再用横式，千位再用横式……这样交替使用，有效地解决了错位的发生。

但算筹在设计时没有"0"的表示方法，所以在计算时遇到"0"，就把这个位置空出。后来人们又懂得使用负数，在用算筹表示时，就用红色代表正数，黑色代表负数。

❖ 算筹

Part4 第四章

中国第一颗原子弹

新中国成立不久，世界两大军事集团暗箱操作，妄想把新中国置于自己的掌控之内。当时的美国和苏联都已经拥有了核武器，严重威胁世界和平。

第二次世界大战末期，由于美国参战，战争形式很快逆转，特别是美国在日本广岛和长崎各投下一颗原子弹后，日本帝国主义已经无力再支撑下去了，最后只能宣布无条件投降。日本的投降，也让世人第一次了解了核武器的巨大威力，为了自身利益考量，随后一些国家纷纷投入原子弹的研究中。

知识小链接

作为一个对人类前途负责任的大国，中国在第一颗原子弹爆炸之后就向世界庄严承诺："中国绝不会首先使用核武器，也不会对无核国家实行核讹诈。"在所有有核国家里，只有中国有此声明。

新中国在原苏联的帮助下，开展了原子弹的研制工作。1960 年，由于中苏关系破裂，苏联撤回了所有专家并带走所有图纸。在困难面前，我国的科研人员并没有退缩，他们凭着坚定的信念，硬是在没有任何人帮助的情况下，研制出了原

◆ 原子弹

A2923

子弹。1964年10月16日下午3时，随着总指挥张爱萍一声令下，伴随着刺眼的亮光，一朵巨大的蘑菇云在新疆罗布泊升起，这宣示着，中国继美国和苏联之后，成为又一个有核国家。

中国研制的原子弹属于"内爆"型，这种类型的原子弹要用到"同步聚焦"的技术。在研制初期，没有接触过这一领域的中国科学家们遇到了难题，为了攻克难关，科学家们付出了常人难以想象的努力，终于攻下了这一技术难题。在研制原子弹的原料中有一种叫"铀-235"的核心材料。提炼铀-235是一项既烦琐又要求很高的一项系统工程，从矿石挑选到提炼出成品，前后要经历上百道工序，任何工序出现一点问题，都提炼不出符合要求的铀。工作人员经过9年的努力，终于完成了我国第一颗原子弹研制任务。

❖ 原子弹

中国第一颗氢弹

原子弹的成功，为核武专家们奠定了实践基础，他们又朝着更高的目标——氢弹迈进了。

在20世纪70年代，我国被国际社会孤立，西方和苏联都对我国采取了技术封锁的政策。针对风云突变的国际环境，以毛泽东为代表的中央政府对我国核武计划提出新的要求。毛泽东在一份有关核武研制报告上作出重要批示："敌人有的，我们要有，敌人没有的，我们也要有。原子弹要有，氢弹也要快。管他什么国，管他什么弹，原子弹、氢弹，我们都要超过。"

当时美国和苏联已经成功试爆核武器。在当今世界，核技术都是国家机密，再友好的国家也不可能无私提供，更何况中国当时在被孤立的情况下，科研人员一时无从下手。虽然科学家们知道氢弹的一般原理，即用原子弹当扳机，用原子弹起爆的威力产生

知识小链接

原子弹包括氢弹和核弹，两者都是核武器，但原理完全不同。原子弹是原子裂变产生能量，而氢弹是原子聚变产生能量。氢弹威力更大，核当量更高，爆炸后对环境破坏也较小。

氢弹

137

百万摄氏度以上的高温，使氢弹的热核材料产生剧烈聚变，释放出更大的原子能，产生更大当量的爆炸。但具体的设计资料却没有。最后科研人员在国际论文找到一点线索，就是靠这一点线索，中国人硬是攻克了氢弹研制难题。

1967 年 6 月 17 日整，飞行员驾驶经过改装的 726 号轰 6 飞机，携带刚刚研制出来的氢弹飞到罗布泊的靶场。由于过于紧张，驾驶员竟忘了按自动投掷按钮。驾驶员又再次飞到目的地投下了氢弹。氢弹在降落伞的阻力下缓慢朝靶心落下，到距离地面 3000 米高度时，一道耀眼的亮光伴随着震耳的爆炸声响起，随后，罗布泊第二次升起了蘑菇云。和第一次的原子弹蘑菇云相比，这次的成功更为巨大。从原子弹到氢弹的研制时间，美国用了 7 年零 4 个月，苏联用了 4 年，而中国只用了 2 年零 8 个月，这简直就是一个奇迹。这也证明西方对中国的核武技术封锁以失败告终。

◆ 氢弹

中国最大的陨石雨和陨石

2013 年 2 月 15 日，俄罗斯境内发生一起陨石坠落事件。陨石坠落后发生爆炸，造成附近很多房屋损坏，并造成 1200 多人受伤。天外陨石再度成为人们热议的话题。

我国最大的一次陨石坠落发生在 1976 年，当时位于吉林省永吉县的上空下了一场"陨石雨"。接到报告的科研人员很快赶到现场，并收集到了一百多块陨石，这些陨石的总重量达到 2700 多千克。这次陨石雨数量之多，重量之大，在我国历史上都极为罕见。

最大的一颗陨石被命名为"吉林 1 号"，目前陈列在吉林市博物馆。该陨石呈黑褐色，重 1770 千克，是世界上迄今发现的最重的陨石。据目击者称，这颗陨石落地时发出巨大的响声，并升腾起类似蘑菇云状的烟尘，在地面砸出一个深 6.5 米，直径 2 米的土坑。

❖ 陨石

经科学家研究断定，该陨石是从火星和木星之间的一颗小行星上分离出来并落向地球的。该行星年龄大概46亿岁，应该是和地球同时诞生的天体。大约在800万年前，它与其他星体相撞发生大爆炸，随后一些碎块就成为陨石在宇宙中遨游。当一些碎石受到地球的吸引力影响时，就穿过地球大气层落在地球表面。

经勘测，这颗陨石含有丰富的矿物质，有18种稀有元素，是一件非常珍贵的宇宙天体样本。庆幸的是，这颗陨石没有像俄罗斯陨石那样造成巨大破坏，在它降落后没有任何人员和牲畜的伤亡报告，这也算是一件奇事。

知识小链接

古代科技不发达，人们不了解陨石是怎样形成的，往往把陨石当成圣物。匈牙利人把陨石抬进教堂，用铁链锁起来，防止它再次飞走；伊斯兰人把陨石视为"圣石"；古罗马人把陨石看作神的使者，会在陨石坠地处建起教堂或钟楼。

❖ 陨石

世界上最早的彗星记录

彗星划过天际，是一个很美的天象奇观。可是在中国，彗星的名声并不怎么好，老百姓称它为"扫把星"。

为何称彗星为扫把星呢？在古时候，"彗"的字面意思代表扫帚，所以就干脆称彗星为扫把星了。在中国，研究彗星的历史可追溯到 2000 年前。西汉时期的《淮南子·兵略训》中记载了公元前 1057 年出现的一次彗星奇观，后经现代科学家推断，它就是后来才被命名的"哈雷"彗星。比这还早的记载是在距今 3000 多年前的周武王伐纣期间，一颗彗星从天边扫过，朝着东方飞去，身后拖着一条长长的尾巴。这是迄今为止最早有关彗星的记录。

知识小链接

自从公元前 240 年 - 公元 1910 年，在 2150 年间，中国古人就一直在关注着"扫帚星"，共记录了 29 次彗星光临地球，符合哈雷的计算。哈雷彗星卜次临近地球是 2061 年 7 月。

1682 年，英国天文学家哈雷也观测到了这颗彗星，他对这颗彗星进行了系统的研究，在参考了大量资料后，他大胆推测这颗彗星每 76 年会光临一次地球。果然，过了 76 年之后，1758 年这颗彗星又出现在人们视野中。人们为了纪念哈雷首次发现这颗彗星的规律，就将这颗彗星命名为哈雷彗星。那么我国最早有关彗星的记录就是哈雷彗星吗？科研工作者用计算机推算过后证明，当年武王伐纣时出现的彗星正是哈雷彗星。

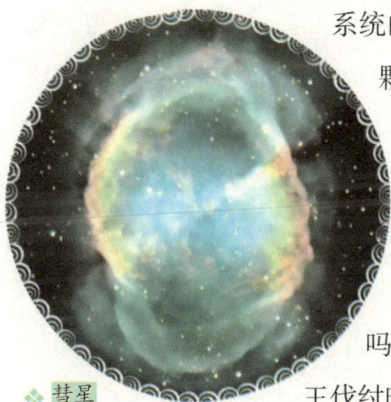

◆ 彗星

Part4 第四章

世界上最早的太阳黑子记录

太阳黑子是太阳的光球层上发生的一种太阳活动，是太阳活动中最基本、最明显的。黑子出现时，往往能在太阳耀眼的表面形成一个个黑斑，故此而得名。

太阳黑子是怎么来的呢？在太阳表面的光球层上，由于温度的不均衡会产生一些旋涡状的气流，这种气流中间下凹，从地球上看像是黑色的，于是人们俗称这种气流为太阳黑子。太阳黑子的活动周期为 11.2 年，黑子很少单独出现。黑子活跃的高峰期会对地球磁场造成影响，这时地球南北两极和赤道的大气环流会出现异常流动，从而

知识小链接

太阳黑子是太阳球表面的一种气流活动，黑子其实并不黑，而是气旋温度相对太阳光球较低，看上去很像一个深暗色的斑点。

造成恶劣的天气，使气候反常。严重时还会对地面的电子设备造成损害。

但是，太阳黑子也需要专门的仪器才能观测到。我国汉朝时期所著的《汉书·五行志》中有一段这样的描述，"汉成帝河平元年三月乙未，日出黄，有黑气，大如钱，居日中央"，大意是在汉朝汉成帝河平元年

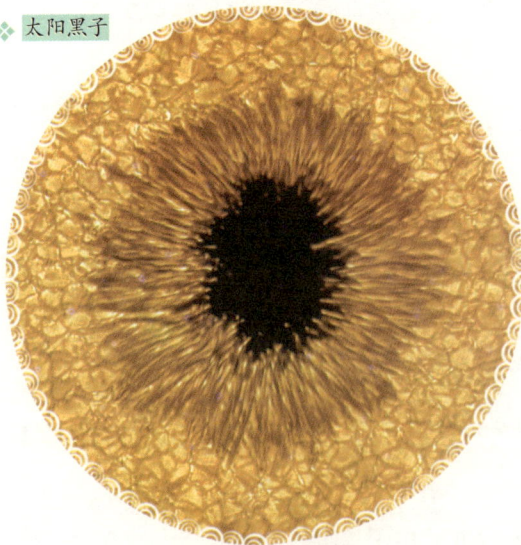
❖ 太阳黑子

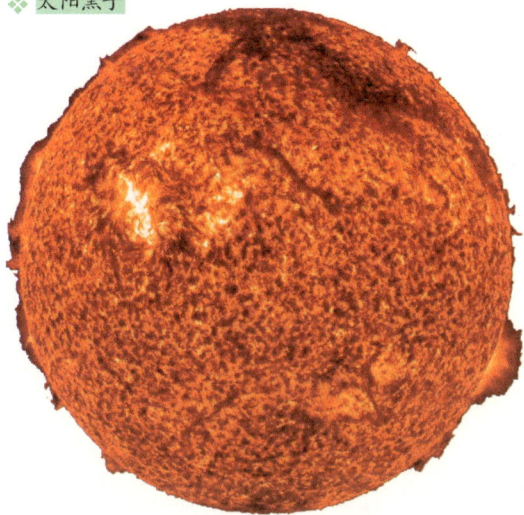
❖ 太阳黑子

的时候，负责天象的官员观测到一次太阳黑子的活动。这段描述距今已有 2000 多年的历史，被公认为世界上最早有关太阳黑子的记录。事实上，我国还有一次以文字形式记载的太阳黑子记录，比《汉书·五行志》的记录还要早。西汉的《淮南子》中有句"日中有乌"，后经科学家们考证，这个"乌"字指的就是太阳黑子。

　　我国历史上有专门负责观察天象的官员。从汉朝河平元年（公元前 28 年）到明末这段时期里，各种历史典籍里共有一百多次有关太阳黑子的描述。书上不但详细介绍了太阳黑子发生的日期，而且还细致地描述了太阳黑子的位置、大小等情况。这些珍贵的天文史料为日后科学家研究太阳活动规律提供了非常宝贵的资料。

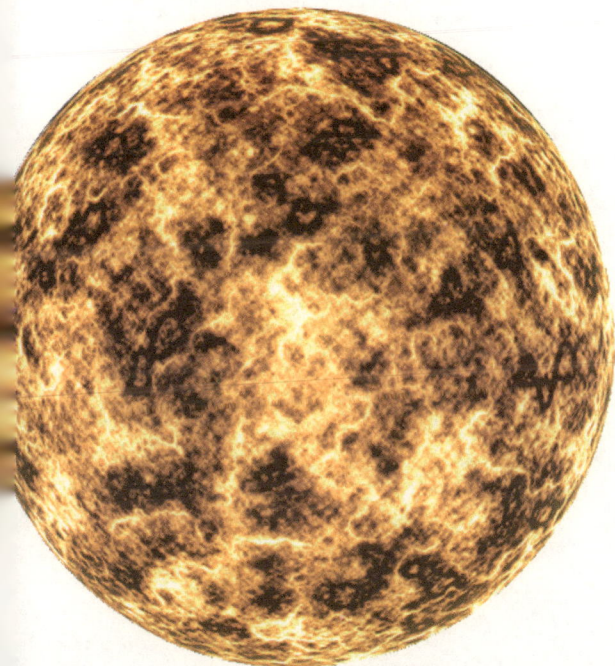

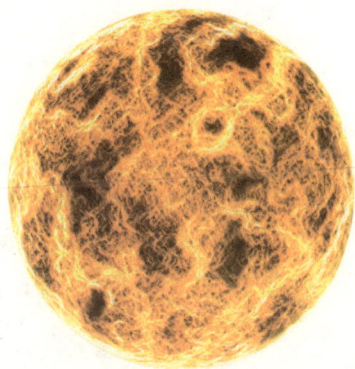
❖ 太阳黑子

世界上最早的星图

敦煌有什么？你一定会说有沙漠、鸣沙山、月牙泉。没错，除了这些自然景观之外，那里还有一件稀世之宝呢。下面我们就来认识一下这件宝物。

在甘肃省的敦煌地区有一座莫高窟，人们在里面除发现大量精美的壁画外，还发现了一幅星图。经科学家研究后发现，这是世界上迄今为止发现的人类最早的星图。什么是星图？星图就是人们观测太空时，记录下恒星位置的一种星相记录，天文学上就是依靠它来识别各大星体坐标的。在古代，人用普

知识小链接

星图，是恒星观测的一种形象记录，它是天文学上用来认星和指示位置的一种重要工具。星图不同于传统地理图集或者天体照片，也就是说，现在星图是把夜空中持久的特征精确描述或绘制，例如恒星、恒星组成的星座、银河系、星云、星团和其他河外星系的绘图集；亦即是"星星的地图"。

❖ 星图

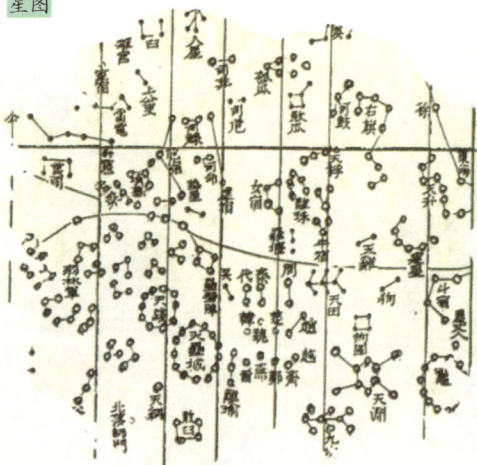

通一个圆点加连线的方式来表示星体和星座，而敦煌的星图就是典型的代表。

据专家推断，这幅星图绘制于唐中宗时期，具体年份在公元705年～710年。图中从农历腊月的天象开始画起，按

❖ 星图

照每月太阳的具体位置把黄道和赤道平均分为12段。图中先把紫微垣以南的各个星体用投影法画出，再将紫微垣画在北极中心的圆形平面投影上。整幅图上一共绘制了1350多颗星体。

敦煌星图的出现时间比西方早了几个世纪。充分说明了中国古人在天文学方面的杰出成就，从具体的绘制年代上看，它是世界上最古老的一幅星图。它为古人研究宇宙、了解宇宙做出了巨大贡献。

❖ 星图

■ **Part4** 第四章

世界上最古老的**天文钟**

中国北宋年间曾制造了一台水运仪象台，被世界公认为是世上最古老的天文钟。

在宋朝以前，人们就发明了"水运浑仪"，但是它的精确度还存在一定的缺陷。到北宋哲宗年间，这种仪器已经不能满足宫廷的需要了。于是朝廷命吏部尚书苏颂负责重新设计一台天文仪器，于是便有了将浑仪、浑象和报时融为一体的水运仪象台。

知识小链接

除了水运仪象台，我国古代劳动人民还创造了多种计时工具，如利用立竿见影原理测量日影长度的圭表；用铜针和石盘制成的日晷；用滴水计时的铜壶滴漏等。

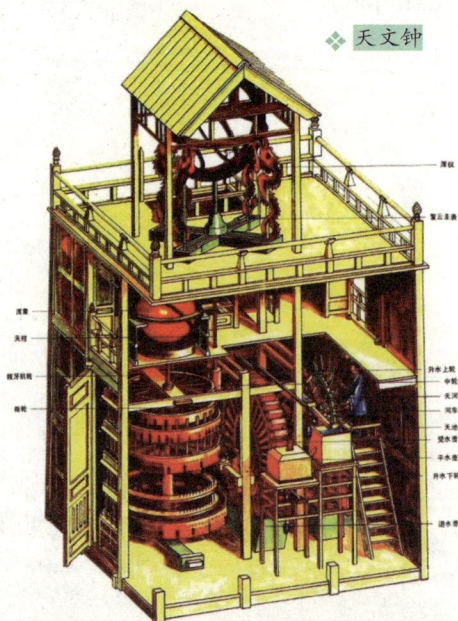

❖ 天文钟

这台"水运仪象台"高约11.8米、宽约7米，底部较上部略宽。它除了有记录天体位置的功能外，还能起到报时的作用。为了观测方便，仪象台上设置了9块活动的屋板。它上下共分三层，上层是一个用来观察星体坐标的"浑仪"；中间是一个球形状的"浑象"，用来观察星体每天的运动轨迹；底层是动力装置和报时装置。

最奇妙的是底层装置，它又为五层：第一小层有 3 个音乐小人；第二小层有 24 个小人，每到整时，就会有不同的小人出来报时；第三层是 96 个小人，每 15 分钟出来一个报刻数；第四层是晚上打更的 38 个小人，同样是 15 分钟轮流出来。

❖ 水运仪象台

整个仪象台装置的动力来自于底层的后部，这里安装了一个"水壶滴漏"的动力装置，利用杠杆原理带动齿轮转动，今天的钟表也是用到这个原理。

❖ 天文钟

中国第一颗人造地球卫星

"两弹一星"都是在西方对我国采取技术封锁的困难时期研制成功的，那这颗人造卫星的研制背景又是怎样的呢？

浩瀚的宇宙历来吸引着人们的目光。当 1957 年，苏联成功发射第一颗人造卫星之后，毛泽东作出了重要指示"我们也要搞人造卫星"。在他的号召下，大批科研人员进行了科研攻关。在 1970 年 4 月 24 日振奋人心的消息传出：我国第一颗人造地球卫星"东方红一号"研制成功，并由我国自主设计的"长征一号"运载火箭顺利送上地球同步轨道。

"东方红一号"人造卫星重 173 千克，呈 72 面球形状，它的运行轨道离地球最近的距离为 439 千米，最远的距离为 2384 千米。这颗地球卫星当时负责的任务比较单调，就是定期向太空播放《东方红》乐曲，然后进行一些简单的卫星技术测试。

2008 年，美国国家航空航天局发现它仍然在轨道上正常运行。在它的基础上，我国又相继研制出许多功能更先进的地球卫星。

❖ 人造卫星

中国最早发射的**运载火箭**

我国第一颗人造地球卫星用我国自主研制的"长征一号"运载火箭送上太空的。下面我们再来认识一下这枚火箭。

各国发射卫星时通常都是用的运载火箭，这是最经济、最成熟的一种发射手段。"长征一号"就是为了发射"东方红一号"人造地球卫星而设计研制的，它也成为我国发射成功的首枚运载火箭。

知识小链接

> 运载火箭和导弹原理完全一样，发射方式也相同。只不过运载火箭是将卫星或宇宙飞船送入太空轨道，类似于"搬运工"；导弹是装上弹头的火箭，类似于"超远距离炮弹"。

1967 年 11 月，中国成立了运载火箭技术研究院负责运载火箭的研制任务。经过日夜紧张的设计和论证，1968 年初，中国运载火箭完成了总体设计，经论证，各项指标符合要求。在随后的两年时间里，科研人员又经过了大量的地面实践工作，首枚火箭终于制作完成了。

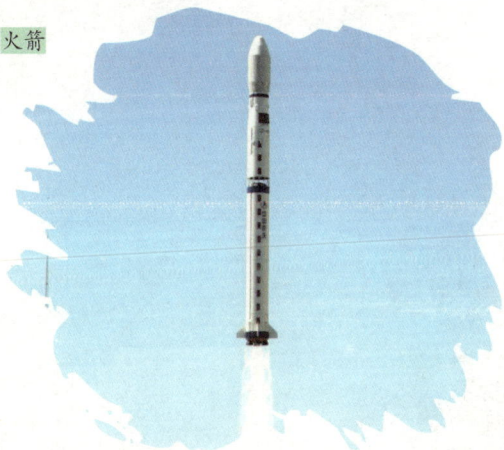

❖ 火箭

"长征一号"运载火箭是一种三级火箭，它全长 29.86 米，最大直径 2.25 米，起飞重量 81.6 吨，起飞推力 112 吨，能将 300 千克的卫星送入 440 千米高的近地轨道。它的第一、第二级火箭为了此次卫星发射做了部分修改，以产生更大推力。第三级火

❖ "长征一号"运载火箭发射

箭采用固体燃料作为推进剂，代表了中国最新的科研成果。1970年4月24日，随着总指挥张又侠的一声令下，只见火箭底部吐出耀眼的火光，火箭缓缓升起，然后越飞越快、越飞越高，最后一个亮点消失在天际，从此，"长征"系列火箭开始了它的漫漫征途。1971年，"长征一号"运载火箭第二次发射，成功将"实践一号"科学卫星送入预定轨道。这次成功证明"长征一号"是一款性能稳定的运载火箭，从此以后，"长征"系列火箭承担了我国一系列发射任务。

❖ 火箭

中国第一个进入太空的航天员

　　遨游太空是每一个人的梦想，可是在当今科学条件下，还做不到每个人都能进入太空。那些进入太空的人都是以科学考察为目的的航天员。

中国第一个进入太空的航天员是杨利伟。杨利伟于 1965 年 6 月 21 日出生在辽宁省葫芦岛市，是我国特级航天员。1983 年，从小立志当飞行员的杨利伟满怀热情报考了空军飞行学院。1996 年，中国启动了载人航天计划，并从飞行员中培养一批航天员，杨利伟第一批报了名。经过多次"特检"和种种身体考核，杨利伟的各项素质指标都达到了航天员的要求。1998 年 1 月，杨利伟和其他 13 名空军飞行员一起被选为中国首批航天员。

　　经过几年的特殊训练和技术学习，2003 年年初，杨利伟接到命令，要乘坐"神舟五号"飞船进入太空进行科学试验。10 月 15 日 5 时 25 分，杨利伟向全国人民告别，钻进了"神舟五号"飞船的工作舱。9 时整，负责此次运输的"长征二号"火箭点火升空，几个小时后，杨利伟通过卫星电话向地面指挥部报告：一切运转正常，飞船进入正常轨道。

　　16 日早晨，迎着太阳的光辉，"神舟五号"飞船顺利降落到地面。飞船舱门打开后，我国第一个飞天英雄从里面走了出来，从此，我国成为继苏联和美国之后，第三个成功载人航天飞行的国家。

❖ 杨利伟

Part4 第四章

中国第一个在**太空漫步**的航天员

"神舟五号"载人飞船圆满完成载人飞行之后，我国又朝另一个艰巨的航天领域——太空行走迈进。

2008年9月25日，"神舟七号"宇宙飞船载着3名航天员顺利进入预定轨道。当飞船绕着地球飞行29圈后，中国航天员开始进行太空行走试验。太空可不像在地球任意一个角落可以随意行走，这是一项十分危险的试验项目，稍有不慎就会被抛向太空。执行此次任务的是航天员翟志刚，只见他身穿中国研制的"飞天"航天服，稳稳打开"神舟七号"飞船的舱门，用一条特制的带子将自己和太空舱外的铁架牢牢地连在一起。为了以防万一，铁架上还加了特殊的防滑装置。出了太空舱，就失去了重力，所以人基本上是在太空漂浮的状态。翟志刚只能靠双手和臂力抓着舱外的铁架缓慢地向前"行走"。他此次执行的任务就是要把舱顶上的一张实验卡片送回太空舱，并从另一个航天员手中接过五星红旗，在太空挥舞。

翟志刚1985年入伍成为一名空军，现在是航天员大队三级航天员。1996年，翟志刚和杨利伟等14人一起加入首批航天员的队伍。中国相继发射了"神舟五号"和"神舟六号"，翟志刚都与之失之交臂。功夫不负有心人，这次，他终于被选为"神舟七号"的航天员，并执行舱外行走任务。

翟志刚非常顺利地完成以上任务，中国实现了载人航天之后又实现了太空行走，标志着中国的航天事业又向前迈出了巨大的一步。

❖ 翟志刚

中国第一颗绕月飞行的卫星

中国自古就有许多有关月亮的传说，像"嫦娥奔月"几乎家家户户都熟悉。所以中国制定的月球探测工程就被命名为"嫦娥工程"。

所谓"嫦娥工程"，概括来说就是发射一颗绕月飞行的卫星，进行各项科学试验工作。2007年10月24日，中国自行设计的绕月飞行卫星——"嫦娥一号"和负责此次运输任务的"长征三号"甲型火箭静静地在西昌卫星发射中心的发射架上整装待发。2007年10月24日18时05分，"长征三号"顺利升空。

"嫦娥一号"卫星总重2350千克，它携带的太阳能帆板展开后达18米，它的使用寿命预计为1年。它主要的任务是：拍摄月球表面三维立体影像，分析月球表面各种元素及含量，探测月壤的厚度和地球至月球间的空间环境。设计要求是2009年3月1日完成所有使命，并撞向月球预定地点坠毁。

"嫦娥一号"卫星进入太空后，先是被送入一个距地面200千米的椭圆形地球同步轨道。"嫦

◆ "长征三号"甲型火箭

伟大的中国之最

❖ 卫星

娥一号"在此环绕地球飞行一周后，通过加速进入一个更大的椭圆形轨道，这个轨道离地球最近处为500千米，最远处为12.8万千米。接着，"嫦娥一号"靠自身的动力加速接近月球。经过100多小时的太空之旅之后，卫星进入月球轨道。这时的"嫦娥一号"卫星要依靠自身的反向助推火箭减速，进入月球的引力范围之后，成为环月球卫星。最终是距离月球表面200千米左右绕月飞行，开展一系列科学勘探任务。

❖ 卫星

中国最大的卫星发射基地

　　中国目前有三个卫星发射基地，分别是酒泉卫星发射中心、西昌卫星发射中心和太原卫星发射中心，其中酒泉卫星发射基地是中国最大的发射基地。

　　酒泉卫星发射基地到酒泉市的直线距离达 200 千米，当初是为了保密才称它为"酒泉卫星发射中心"。这个基地是中国创建时间最早、规模最大的火箭发射基地。酒泉也是我国唯一的载人飞船发射基地，所以这里又被称作"东方航天城"和"中国航天第一港"。

　　酒泉基地是聂荣臻元帅亲定的，它位于巴丹吉林沙漠中心，实际属于内蒙古阿拉善盟的地域范围，于 1958 年 10 月 20 日完成基地建设。基地全部面积 2800 平方千米，海拔 1000 米。这里气候特殊，全年少雨，虽然对生物来说条件恶劣，但却非常适合火箭发射，全年大约有 300 天适合卫星发射。

　　酒泉卫星发射基地在开工之初就遵循高标准、严要求来建设，这里各种先进设备齐全，已经为我国发射多枚各式火箭。在这里，创造了我国航天史上的多个第一，为我国的航天事业做出了巨大的贡献。

❖ 酒泉卫星发射中心

❖ 酒泉卫星发射中心

1970 年 4 月 24 日，中国第一颗人造卫星"东方红一号"在这里发射成功；1975 年 11 月 26 日，中国第一颗返回式卫星在这里发射成功；1980 年 5 月 18 日，中国第一颗远程运载火箭在这里成功发射；1981 年 9 月 20 日，一箭三星试验在这里圆满成功……

酒泉卫星基地的火箭发射量在世界也名列前茅，现在，酒泉卫星基地已经不是军事禁地，人们可以到这里开设的十个景点进行免费参观，这里现在已经成为天文爱好者的一个旅游胜地。

❖ 酒泉卫星发射中心

第五章

精湛技艺
——建筑之最

　　中国建筑艺术是将传统文化思想和建筑美学完美结合的产物。中国当代的建筑既有古朴典雅的传统建筑，又有科学宏伟的现代建筑，接下来让我们目睹一下它们的风采。

■ Part5 第五章

中国最大的**单体航站楼**

首都国际机场3号航站楼，是我国目前最大的单体航站楼，它在设计上有许多创新之处。

3号航站楼的主楼屋顶采用红色三角形网架结构，构成一个极具中国特色的"中国红"屋顶。机场3号航站楼南北长2900米，宽790米，高45米，建筑面积达98.6万平方米。设计有99个停机位，它的附属跑道长3800米，宽60米，可以使像空客A380这样的大飞机起降。3号航站楼是目前世界上最大的单体航站楼。

3号航站楼具体分为主楼、国内候机廊、国际候机廊三部分。航站楼配有旅客行李自动分拣、传输系统、旅客捷运、信息系统等先进设施。为客机起降配备了三类精密自动飞机引导系统，它是目前我国采用的最先进的飞机引导系统，在恶劣环境下也能为飞机起降导航。该航站楼于2008年10月份投入试用，与航站搭配的有货运区，与之配套的有

❖ 单体航站楼

供水、供电、供气等配套设施。

3 号航站楼前配有交通中心，地下有个巨大的停车场，停车场分上下两层，面积达 30 万平方米，可同时容纳 7000 辆普通汽车。停车场有直达候机楼的电梯，避免了旅客携带行李奔走之苦。这里开通了第二机场高速、李天高速、机场北线高速等交通线路，给人们快速出行提供了方便。

❖ 单体航站楼

❖ 单体航站楼

■ Part5 第五章

亚洲最大的火车站

我国首都北京共有 5 个火车站，它们是北京站、北京东站、北京西站、北京南站、北京北站。

北京南站始建于 1897 年，是我国最早建成的几个火车站之一。在 100 多年历史上，它曾三次易名，从最早的马家堡车站更名为永定门火车站，又到现在的北京南站。它不仅是北京最早投入使用的火车站，而且也是最早开通有轨电车的车站。

北京南站地处北京市丰台区开阳桥南开阳路，它有两项引以为豪的数据，一是亚洲最大的火车站，二是世界客流量第三的客运火车站，所以它也有"亚洲第一火车站"之称。北京南站负责的客运线包括京沪线、京广线、丰沙线和京原线。此外，它还是京津城际铁路和京沪高铁的终点站。

2008 年 8 月改造一新的北京南站重新投入运行。新建设的北京南站占地面积将近 50 万平方米，其中建筑面积达 42 万平方米，主站房建筑面积 31 万平方米。地上有两层建筑，地下有三层建筑，从上到下的功能依次为：高架候车厅及附属的环形车道，火车站台。轨客吞吐量达 1.5 亿人次，到 2020 年这一数字将达 1.9 亿人次。

北京南站

BEIJING SOUTH RAILWAY STATION

Part5 第五章

世界上最长的**双洞公路隧道**

我国山川众多，高山险阻不仅影响了人们的出行，更阻碍了当地经济的发展。公路隧道的开通有效地解决了这一难题。

我国有一条世界最长的双洞公路隧道——秦岭终南山公路隧道，它是西安至安康高速公路的组成部分，更是陕西"三纵四横五辐射"不可缺少的重要一环。终南山隧道单洞长 18.02 千米，双洞总长 36.04 千米，是世界上最长、规模最大的公路隧道，开创了我国公路隧道之最。

2001 年年初，国家发展计划委员会批准终南山隧道立项，紧接着该工程就进入紧张的前期筹备工作，该工程从 2002 年年初开工建设到 2004 年年底全线贯通仅用了 34 个月。

2002 年 3 月，经过地质、建筑专家的多方论证，终南山隧道终于开工建设。隧道建设并不像在地表建一座高楼那样容易，在隧道挖掘过程中，断层、涌水、岩爆等突发事件常常发生。除此之外，在建设中还要考虑到通风、火灾、监控等技术难题。秦岭隧道的顺利完工，标志着我国在隧道建设技术上达到了一个新高度。

施工人员仅用了 34 个月就完成 36.04 千米的挖掘建设任务，平均每月都要向山体内部掘进 1060 米，建设效率之高，世界罕见。终南山隧道也开创

❖ 秦岭终南山公路隧道

伟大的中国之最

❖ 秦岭终南山公路隧道

了我国隧道史上的多个之最，它的工程规模、高洞长度、主洞埋深、分段通风长度、竖进深度等技术指标都位列全国第一。目前已经全线通车。

这一隧道是包头－西安－重庆－北海、银川－西安－武汉两条公路西部大通道的要道，是拉近黄河经济圈与长江经济圈的枢纽。它的建成将为中国西部大开发战略的全面实施起到巨大作用。

❖ 秦岭终南山公路隧道

我国古代最大的**双塔**

古塔建筑是具有我国特色的历史建筑，它代表着我国在建筑方面的杰出成就，在我国历史上有一座最大的双塔建筑，堪称我国古典建筑的奇葩。

在福建省泉州市有一座开元寺，开元寺内有两座塔。这两座塔不是一次性建成，而是经过历史不同时期改造而成。开元寺东塔始建于唐朝咸通年间（公元 860～873 年），为 9 层砖木结构。宋天禧年间（1017～1021 年）又扩建至 13 层；绍兴年间（1131～1162 年）又改建为 7 层砖砌结构；宋嘉熙二年（1238 年）又改建成全部石材结构，这一工程直到 12 年后才正式完工，改成后更名为镇国塔。

❖ 双塔

开元寺始建于唐垂拱二年（686 年），曾在元代毁于战火。明朝洪武年间对寺院进行了重建，万历四年基本建成原来的规模。

现在游客走进山门，首先映入眼中的三间旧式房屋就是明朝重修时的建筑，它的两边则是近代扩建时新修建的房屋。大殿坐落在院落中央，长九间、宽九间，呈方型，样式独特。如果按正常来计算，这样的殿应设立柱 100 根，也就是俗称的"百柱

◆ 双塔

殿", 但这间大殿实际立柱只有 86 根。

大殿上部的木质结构采用南方常见的穿斗式结构, 斗拱虽大却很稀疏, 带有宋朝时期的建筑风格。宋朝时期福建的大型建筑多在内柱斗拱的华拱上刻制飞天伎乐, 福建地处沿海地区, 这是中国文化与外国文化相互借鉴的结果。

双塔坐落在大殿前东西两侧, 造型为五层楼阁八角型。双塔内有木梯可通向塔顶。开元寺双塔是我国目前石塔中制作最精致的, 带有明显的南宋时期福建地区的建筑特征。

❖ 双塔

Part5 第五章

世界上最长的铁路、公路两用桥

南京长江大桥大家一定不陌生，它以雄伟的身姿横跨在长江天堑上，成为连接长江两岸的重要交通枢纽。

新中国成立不久，百废待兴。但是宽阔汹涌的长江将中国陆地一分为二，严重地阻碍了南北的交通。为了发展社会主义经济，连接南北两地成为迫在眉睫的首要工程。

南京长江大桥原本有苏联桥梁专家参与设计，但随着中苏两国关系交恶，苏联单方面撤回了专家。没有专家，我们就自己解决！1960年，我国组成南京大桥建设大军，他们充分发扬了老一辈革命工作者艰苦奋斗、自力更生的传统，奋斗了整整八年，硬是啃下了这块硬骨头。从此以后，车辆来往于长江两岸方便多了，南北两地的经济更加紧密地联系在了一起，这对我国社会主义经济快速发展夯实了基础。这座大桥施工难度是相当高的，所以建设之初国际上就发出一些不和谐的声音，认为这座大桥没有外国专家根本是完成不了的。随着大桥的建成，我国再一次向世界证

❖ 两用桥

明了中华民族的尊严和智慧，没有什么困难是中国人解决不了的！

南京长江大桥由引桥和正桥两部分组成，共投资 1.8 亿元人民币，用掉水泥 50 万吨，钢材 100 万吨。大桥分上下两层，上层是公路桥，专门供汽车通行。桥面长 1577 米，引桥长 3012 米，路面宽 19.5 米，可供 4 辆卡车并行。下层为铁路桥，桥面长 6772 米，桥宽 14 米，铺设有双轨，可供两辆火车相向同行。

桥的两端共有 22 个桥孔，桥孔按中国传统民族特色设计。桥的两端各有一对桥头堡，高 70 米，桥头堡上各塑有三面红旗，代表着具有时代特征的人民公社、大跃进和总路线。桥身上还有 5 个人物塑像，分别代表了工、农、兵、学、商五种社会组成部分，他们共举五星红旗，象征着全国人民团结一心的革命精神。

❖ 南京长江大桥

世界上现存最高的**木质建筑**

坐落于山西应县的佛宫寺释伽塔已经有950年的历史了，是国内现存的唯一的木塔建筑，同时也是世界上现存的最高的木质建筑。

佛宫寺释伽塔又称应州塔，它建于辽清宁二年（公元1056年），已有将近1000年的历史，至今仍安然屹立在佛宫寺内。释伽塔高67.31米，底层直径30.27米，共有九层，其中五层可以利用，另外四层没有可用空间，这就是所谓的"明五暗四"建筑。外观呈平面八角形。除第一层采用上下两层的双檐设计以外，以上各层都是单檐结构，所以整个塔从外观看就是五层六檐。但实际上各层之间还有暗层，里面实际为九层。

木塔各层都用内、外两圈木柱支撑，每层内部有8根立柱，外面有24根立柱；木柱之间都设计了斜撑、梁、枋和短柱支撑，组成不同方向的复梁式木架结构。有人计算过整个木塔的木料重量，该木塔用优质红松原木3000立方米，合2600多吨。木塔从外观来看，设计匀称、巧妙，外型端庄古朴，具有典型的中国建筑特征。

塔身底层南北各有一道门，二层往上有木质楼梯，并有平座栏杆，每层四个方向各设一道门，达到通风和采光的目的。塔内每层都有一尊佛像，一层为

应州塔

❖ 应州塔

释迦牟尼像，像高 11 米，佛像端庄肃穆，尽显佛祖威严。其他每层都有菩萨或佛祖的塑像，具有很高的艺术价值。

该木塔大量使用木质结构，却能屹立千年而不倒，这本身就是一个奇迹，难道这里有得天独厚的地理优势或者历史各个时期都对它严加看护？事实并非如此，历史上它也曾经历多次浩劫，比如元顺帝时这里经历过一场特大地震，周围建筑无一幸免，只有木塔岿然不动。明朝时这个地区更发生过高达 9 级的强震，各种建筑毁坏无数，木塔又一次安然躲过。民国军阀混战时期，曾有 200 余发炮弹击中塔身，木塔也曾因此着火，可奇怪的是，每次大火都会自动熄灭。应县木塔强大的"避险"能力至今找不到科学的解释。

❖ 应州塔

Part5 第五章

中国第一条**自主设计**建造的铁路

詹天佑是我国第一代铁路工程师，我国自行建设的第一条铁路就是由他设计并负责建造的。

詹天佑设计的铁路线是京张铁路，是他从三套备选方案中挑出的一套既符合建造成本，又满足实际需求的方案。铁路由始发站丰台出发，沿西南门过沙河、南口进入关沟和居庸关，然后到达青龙桥车站，再穿过一条1092米的八达岭隧道，从八达岭长城穿过，一路下坡沿着军都山到康庄，通过狼山进入怀来境内，穿过土木、沙城，再从洋河谷地行至鸡鸣驿、宴化，最后到达目的地张家口。

这段路况并不是一马平川，反而充满高山和险滩，其中最困难的一段就是南口至八达岭一带的关沟，这里地势复杂，到处是沟沟坎坎。为了穿越燕山山脉军都山的山沟，詹天佑设计了独特的"人"字轨道，这种轨道有什么特点呢？原来火车在行至这个路段时，可采用折返的方法攀斜前进，虽然解决了路况的难题，但是这里的坡度仍很大，为了得

❖ 京张铁路

❖ 詹天佑立像

到足够的动力，这条线路上的火车都需要两部机车牵引。这条铁路专线上一共有 4 条隧道，其中最长的要数八达岭隧道，这条隧道长 1092 米，采用竖井方法挖掘而成。

京张铁路结束了我国依赖国外铁路工程师设计铁路的历史，所以它也被看作中国走向工业文明的里程碑。虽然当时西方国家工业文明远远将旧中国甩在身后，但詹天佑和京张铁路依然成为中国人的骄傲。

1909 年京张铁路进行了通车典礼仪式，来自中外的嘉宾和群众一起汇聚在昌平南口火车站。詹天佑发表了简短的演说，他重点赞扬了铁路工人的功绩："非有体力魄力、心灵手敏之人，莫可竣工。"

❖ 京张铁路

中华第一**祠堂**

> 祠堂是族人祭祀先祖，商议族内重要事务的场所。在古代封建社会里，对家族观念相当重视，进入现代之后，祠堂文化渐渐淡化。

东莞罗村保留着一座明朝时期的祠堂，是这个城市最古老的祠堂。最近，罗村人集资对祠堂进行了修缮。该祠堂保存着 60 余件农具和古瓷，现在作为罗村村史陈列室之用，并正在申报市级保护单位。通过翟氏家谱和翟氏家史等史料我们看出，东莞翟氏源于南阳，先秦名士翟景是他们的祖上。在北宋年间，金兵入侵中原，当时在朝中的重臣翟观携全家从中原迁至广东。

迁到东莞后，经过几代人的发展，翟氏已经成为当地的名门望族。纵观宋朝，东莞先后中进士 18 人，翟氏独占 10 人；中举人 77 人，翟氏独占 24 人。翟氏中长寿老人也远近闻名，如元朝翟徽，是元祐六年（公元 1091 年）进士，曾任工部郎，寿终时 107 岁，是东莞有记录的最长寿的人。现在罗村还有 3 个 90 多岁的老人。

翟氏祠堂由明朝万历年间赣州通判翟守谦倡导，并由族人集资兴建而成。最初建成时由祠堂、书室、厨房三部分组成，面积达 433 平方

❖ 中华第一祠堂

米。祠堂在后来历代中经过多次修缮，上次是在清光绪年间，距今已过100多年的时间。2000年以后，翟氏祠堂出现大面积毁坏，所以由族中长辈牵头重修。

翟氏祠堂经过重修已经焕然一新，前厅两侧悬挂着翟氏由姻亲得到的大量木质庆贺对联，几案上陈列着31件古代文物，有青铜时期的印纹陶片，有在当地出土的东汉时期的陶罐等。后厅陈列着25套各式农具，村中老人讲，陈列这些农具是教育后人不要忘本，要懂得饮水思源。

为了让翟氏后人了解家庭历史，翟氏族人出资编写了一本4万余字的《东莞罗村翟氏史志》，书中记载了罗村翟氏人文、历史、名人轶事等，相信此书一定能发挥教育后人的作用。

❖ 翟氏宗祠

Part5 第五章

我国历史上第一座监狱

提起《周易》大家都熟悉，那么它是在哪里诞生，又是由谁推演出来的呢？其实这个人大家也不陌生。

据《史记》记载，商代末期，商纣王荒淫残暴，致使民怨沸腾。西部诸侯国周在西伯姬昌的治理下，日益发展壮大。这引起纣王的不满，便找了个理由将姬昌囚在羑里，历史上第一座监狱就在这种背景下诞生了。羑里在哪里呢？羑里遗址位于河南省汤阴县，在县城以北4千米的羑河村，这里就是风靡世界的周易文化发祥地，它以博大精深的内涵驰名海内外，"文王拘而演周易"的历史典故就是发生在这里。

羑里城是龙山至商周时期文化遗址的代表。羑里城下面是厚达7米的文化断层，由于历史上洪水的冲刷，羑里城与周围的土地已经不在一条地平线上，是厚厚的围墙让羑里遗址幸存了下来。遗址下层出土了龙山文化的民房遗址和鼎、瓮、盘、盆、缸等商代陶器。

❖ 羑里城

文王庙是羑里城内的重要建筑，它坐北朝南，现存的大殿是明朝嘉靖二十一年

（1542年）重建的。羑里城台阶南侧有一座青石牌坊，上面用刚劲有力的楷体镌刻"演易坊"三字。城门前两侧各立碑石一块，西侧巨碑上刻有"周文王羑里城"；东侧方碑上刻有"禹碑"，这两个石碑共刻有7个斗大的汉字，书法既非符篆，又非缪篆，十分奇特。顺着城门口的石阶进入高台之上，跨过台门，只见几颗参天古柏屹立在院内。院西侧是演易台，相传这里就是姬昌推演八卦的地方。演易台共两层，每层三间，建在一米多高的石基上。院内排列着众多碑刻，多是明清时期帝王、官员、名士颂扬文王功绩的诗赋。

文王庙坐落在院内正中，大殿正中是文王锻铜塑像，塑像神态肃穆、相貌魁奇，面目之中折射出圣贤的光辉，让人在瞻仰之余，会产生肃然起敬之情。

❖ 羑里城后文王八卦迷宫阵

Part5 第五章

历史上最有名的寺院

中国有一座因释迦牟尼佛骨舍利而出名的寺院，那就是法门寺，法门寺在我国佛教界享有很高的地位。

法门寺坐落在炎帝故里——宝鸡市扶风县。法门寺先是因舍利而建造了佛塔，再因佛塔建成了寺院，始建于东汉明帝十一年（公元 68 年），建成之初被命名为阿育王寺，唐朝初年才改称法门寺。相传释迦牟尼遗体火化后骨骼变为舍利，印度阿育王在公元前 3 世纪统一了印度，为弘扬佛法精神，特意将佛舍利分成 84,000 份，分到世界不同信佛国家建塔供奉。其中中国建造了 19 处佛塔，法门寺是第五处。

据专家考证，法门寺的建成确切时间应该在北魏时期，也就是公元 499 年左右，寺内现存一块千佛残碑就是在寺院初建时留下的。当时这座寺院被称为"阿育王寺"。到了唐朝时期，佛教进入全盛时期，阿育王寺也迎来崭新的时期。先是唐高祖李渊亲封"阿育王寺"为"法门寺"，奠定了其"皇家寺院"的尊贵地位，并七次开塔迎请佛骨，在历史上是空前的，对唐朝佛教的发展产生了深远的影响。当时还是秦王的李世民主持度僧 80 人入住法门寺。贞观年间，又将阿育王塔改建成四级

◆ 法门寺

木塔，唐代宗大历三年，阿育王塔改称"护国真身宝塔"。这期间，唐朝历届皇帝都拨专款对法门寺进行了扩建、修缮，寺院规模也随之越来越大，殿堂楼阁越来越多，最后建成一个拥有 24 个院落的大寺院。寺院僧人由初建时的 500 多人发展到 5000 多人，是中国拥有僧人最多的寺院之一。

宋朝时期，朝廷延续唐朝时期对法门寺的重视，也多次对其进行改扩建，其规模不亚于唐朝时期，山门上高挂的"皇帝佛国"匾额就是宋徽宗的手书。24 院之一的"浴室院"在宋朝时期一日就可容纳上千人在此沐浴，可见其规模是多么宏大。至金元两朝，法门寺仍是全国重要的寺院。明清以后，因为时代久远，法门寺开始渐渐衰落。明隆庆三年，屹立了数百年的护国真身木塔崩塌。后经地方绅士的捐助，又历经 30 年建成现有的八棱十三级砖塔。

1987 年 4 月 3 日，法门寺地宫被打开，在地下沉睡 1300 多年的唐朝文物和佛骨舍利终于重见天日。其中用于供奉的金银法器 121 件，唐朝皇室专用的各色瓷器、各种丝织衣物等，每一件都堪称国宝级文物。但其中最为宝贵的当数 4 枚舍利，其中有两件是白玉制成，一件是某位高僧的舍利，这三件被称为"影骨"，意为保护真正的灵骨。而最后一件是颜色已经发黄，并有骨质分泌物的舍利，而这一件才是真正的佛骨舍利。随着真身舍利的出现，法门寺再一次成为佛教圣地。

❖ 法门寺

世界上第一个**帝王宫苑**

清朝时，朝廷花费巨资修建了众多的皇家园林，这些园林汇集了当时的能工巧匠，种植了各种奇花异草，专供皇室成员游览嬉戏。其中北海是最早修建的一个。

北海位于北京市中心，东面紧邻故宫、景山，西邻兴圣宫、隆福宫，南邻中海、南海，北连什刹海，所以和中海、南海合称三海。全园占地面积 71 公顷，水面面积 38.87 万平方米，陆地面积 32 万平方米。在辽、金、元三代，这里曾是皇家离宫，明清时期开辟成帝王御苑，是中国现存最完整、最古老的皇家园林之一，1925 年对外开放，就是现今的北京北海公园。曾经皇室独享的园林，成为普通百姓休闲旅游的场所。

北海公园园内湖水荡漾、绿树成荫，长廊曲折、亭台楼阁造型别致。北海仿照神话传说中的"一池三仙山"而设，一池三仙山即传说中的太液池、蓬莱山、方丈山和瀛洲山。身在其中所见都是苍松翠柏、花木芬芳、湖光塔影，犹如身临仙境一般。湖中设有一岛，名琼岛，岛上建有一座 67 米高的藏传佛教样式的白塔，该塔建于公元 1651 年。

❖ 北海公园

◆ 北海公园

环湖建有濠濮间、画舫斋、静心斋、天王殿、快雪堂、九龙壁、五龙亭、小西天等众多著名景点，北海公园集北方园林的宏伟气势和江南园林的婉约多姿于一体，体现了中国园林艺术的博大精深。

清光绪二十六年（1900），八国联军侵入北京，北海公园惨遭帝国主义暴徒的抢掠。侵略者看到这里的环境安静适宜，竟无耻地占据北海，将澄观堂改为联军司令部，万佛楼珍藏的一万多座金佛和其他宝物被劫掠一空。清王朝被推翻后，北海曾一度关闭，直到 1925 年 8 月 1 日才正式以公园身份对公众开放。

新中国成立后，政府出资对北京的古建筑进行了修葺，将北海公园修缮如新。1961 年，北海公园和故宫等北京老建筑一起被国务院定为首批重点保护单位。

◆ 北海公园

Part5 第五章

中国**石刻经卷最多**的寺庙

我们知道，佛经通常都是印制在书本上供信徒们参修学习的，但是也有例外，比如下面要讲到的这座寺院，那里的佛经是刻在巨石上的。

这座寺院称作云居寺，位于北京西南房山区境内，距北京市区 70 千米，占地面积 7 万多平方米，整个景区由云居寺、石经山藏经洞、唐辽塔群三大部分组成。云居寺建于隋末唐初佛教兴盛之时，经过历代扩建与修葺，最终形成现在的规模。云居寺环山面水，环境优美，寺院坐西朝东，主建筑由五大院落、六座大殿组成，两侧设有配殿和帝王行宫、僧房，南北各有一塔相对应。

云居寺内收藏了众多佛经典籍，这些佛经分别记录在石刻、书本、木版上，所以号称云居寺"三绝"。这其中尤以石刻佛教《大藏经》最为著名。石刻《大藏经》刻于隋朝大业年间，是云居寺僧人静琬刻在石头上的。后来历经隋、唐、辽、金、元、明六个朝代，终于完成这一"鸿篇巨著"。1000 年间，云居寺历代僧众共镌刻佛经 1122 部、3572 卷，用石 14,278 块。像这样跨越几个朝代、历时千年之久的工程在我国文化界十分罕见，

❖ 云居寺

所以有人将它与秦朝万里长城和隋朝大运河相媲美，誉为"北京的敦煌"。云居寺石刻是佛教和历史文化的宝贵遗产，为人们研究佛教历史、政治文化、文学艺术提供了丰富的参考资料。

这些宝贵的石刻佛经都保存在海拔 450 米的石经山，山腰有 9 个藏经洞，其中雷音洞是开放式的，该洞面积宽阔，四壁密密麻麻镶嵌着大量刻有经文的石板。据专家考证，这些石刻正是静琬的作品。雷音洞内有 4 根石柱，石柱上雕刻有 1056 尊大小不一的佛像，故这些石柱又被称作千佛柱。

云居寺不仅有万卷经书，还有十分珍贵的佛祖舍利。1981 年 1 月 27 日，人们在雷音洞进行科考时，意外发掘出两枚赤色肉舍利，这也是迄今为止发现的首例不在佛塔内供奉的佛祖舍利，它与北京八大处的佛牙、陕西法门寺的佛指，并称为佛教界的"海内三宝"。

❖ 云居寺

Part5 第五章

世界上最大的铜塑佛像

西藏是传统的佛教圣地。扎什伦寺是西藏著名的寺院之一，这里供奉着一尊世界上最大的铜塑佛像。

扎什伦寺坐落在西藏自治区日喀则尼色日山脚下，建于明朝正统十二年。四世班禅罗桑却吉坚赞对其进行了扩建。寺中的主要建筑是错钦大殿，该殿可同时容纳 2000 人诵经。殿正中供奉有释迦牟尼塑像，释迦牟尼塑像两边有略小一点的建寺人根敦主和四世班禅的立像。大殿两侧分别建造了弥勒殿和度母殿。寺院西侧不远处专门建有一座大弥勒殿，该建筑高 30 米，从远处看建筑格局非常宏伟。

扎什伦寺是四世班禅及其以后历代班禅驻锡的寺庙。它与拉萨的甘丹寺、色拉寺、哲蚌寺一起并称为藏传佛教格鲁派的"四大寺"。这一教派的寺院在其他地方也有分支，比较著名的有甘肃拉卜楞寺、青海塔尔寺，这两座寺院和西藏四大寺又被统称为格鲁派"六大寺"。扎什伦寺同时也是全国闻名的六大黄教寺院之一。

扎什伦寺内最

❖ 扎什伦寺

重要的建筑当数佛殿，藏民称佛殿为强巴佛殿，是 1904 年九世班禅曲吉尼玛主持修建的。该殿高 30 米，建筑面积达 800 平方米，整座大殿由莲花宝座殿、腰部殿、胸部殿、面部殿和冠部殿五部分组成。大殿坐落着一尊世界上最大的镀金铜塑佛像。铜佛端坐于莲花宝座上，宝座高 3.8 米，佛像高 22.4 米，总高度 26.2 米。佛像面部宽约 4.2 米，耳长 2.8 米，手掌宽 1.6 米，仅中指就长 1.6 米，肩部宽度 11.4 米，脚底长 4.2 米。

　　仅这尊佛像就投入了近 110 名工匠，用时两年多才完成，从那时起这尊佛像就成为世界上最大的镀金铜佛像，至今仍未被超越。

❖ 扎什伦寺

Part5 第五章

中国第一座遗址博物馆

陕西历来是兵家必争之地，它地处黄河中游，是中华文明重要发祥地之一。

早在远古时期，现在陕西境内就出现了原始人类的足迹，他们在这里繁衍生息，创造出灿烂的史前文化，为中华文明发展做出了重大贡献。新中国成立后，考古工作者在这里进行了多次大规模的考古工作，在这片土地上发现上千处新石器时代遗址和数万件历史文物，其中著名的半坡遗址就坐落在这里。半坡遗址是黄河流域最具代表性的母系氏族村落遗址，是中国珍贵的文化遗产。

陕西省政府已经将半坡遗址建成一座史前遗址博物馆。博物馆位于陕西省会西安市东郊浐河东岸半坡村北，于1958年在半坡遗址基础上兴建而成。博物馆有专门陈列文物的展室，有一个3000平方米的原始村落保护大厅。大厅内保留了半坡遗址中的房屋、地窖、灶坑、墓地及生活用品遗物等，让人们可以一睹6000多年前我们的先民是如何生产生活的。

半坡遗址大体分为三部分，分别是居住区、制陶区、墓葬区，其中居住区是村落的主体部分，面积也最大。半坡人生活的时期属于新石器时代，他们生产用的工具还是

❖ 半坡博物馆

❖ 半坡博物馆

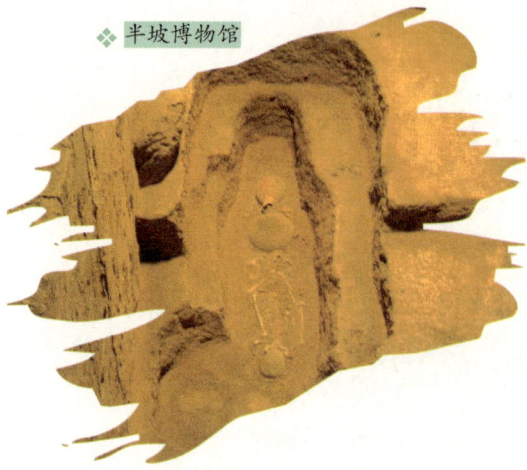

木质和石器。当时的妇女是社会的主力，制陶、纺织、饲养家畜都靠她们来完成，男人则负责狩猎。

半坡博物馆陈列室面积约4500平方米，用来展出半坡遗址上出土的文物，分文物陈列、遗址大厅和辅助陈列三部分。遗址出土的文物大多是生产工具和生活用品，主要是石器、骨器和陶器三种。生产工具主要有石斧、石铲、石刀、箭头、磨盘、骨针等；生活用品包括陶盆、陶碗、陶罐等；除此之外还有少量的鸟头、兽头等装饰品。

半坡遗址立体地再现了人类母系社会的生活场景，它以深厚的内涵和丰富的考古价值被中外游客誉为"华夏第一村"。

❖ 半坡博物馆